九三文学创作文库

孤　证

胡性能

学苑出版社

图书在版编目（CIP）数据

孤证 / 胡性能著 . —北京：学苑出版社，2017.4
（九三文学创作文库）
ISBN 978-7-5077-5182-6

Ⅰ. ①孤… Ⅱ. ①胡… Ⅲ. ①中篇小说—小说集—中国—当代②短篇小说—小说集—中国—当代 Ⅳ. ① I247.7

中国版本图书馆 CIP 数据核字（2017）第 042215 号

出 版 人：	孟　白
责任编辑：	王见霞
出版发行：	学苑出版社
社　　址：	北京市丰台区南方庄2号院1号楼
邮政编码：	100079
网　　址：	www.book001.com
电子信箱：	xueyuanpress@163.com
联系电话：	010-67601101（营销部）、010-67603091（总编室）
经　　销：	全国新华书店
印 刷 厂：	北京信彩瑞禾印刷厂
开本尺寸：	880×1230　1/32
印　　张：	6.5
字　　数：	130千字
版　　次：	2017年5月第1版
印　　次：	2017年5月第1次印刷
定　　价：	22.00元

总 序

"九三文学创作文库"第一辑图书即将由学苑出版社出版,这个最初由社中央文化工作委员会提出的构想,在大家努力下,终于有了成果,可喜可贺。

黑龙江省有一位九三学社基层组织的负责同志,是文学爱好者,多次把他的作品通过电子邮件传给我,有散文,有诗歌,描述他在林场当知青的生活,对当今社会巨大进步的感受,还有他特殊的家世,深深打动了我。至今还记得其中的一篇散文,是写囿于深山老林的孤寂的生活,他收养了一条狗,终日为伴,后来他回城了,那条狗天天到路口等他,日夜守护着他留下的物品,终于抑郁而死。生命之间的情感流淌笔端,让我感动不已。当时我想,我们九三学社成员中应该还有不少像他那样的业余文学爱好者,如果能组织起来,相互交流,岂不乐乎?也能以此增强九三学社组织的凝聚力。在我的建议下,2013年9月一批社内作家和业余文学爱好者聚集江西南昌,举办了"家园记忆"主题文学笔会,共商如何活跃与繁荣九三学社文学创作,笔会还邀请了著名作家王安忆和梁晓声做了有关文学创作的讲座。2015年10月社中央文化工作委员会又与九三学社云南省委和四川省委共同举办了"一带一路南方丝绸之路云南行文学笔会",邀请了著名作家方方到会,除座谈交流外,还一起赴南

孤　证

方丝绸之路的"五尺道"采风。这样的活动，增强了全社范围内的文学氛围，活跃了社员的文学创作，最后促成了"九三文学创作文库"的出版。文库第一辑首先选择9位九三学社作家的作品，体裁多样，包括小说、散文、诗歌、随笔等。这9位作家，或为中国作协成员，或为全国性文学大奖的获得者，有长期从事文学创作的经历，具有较为丰富的写作经验和较强的创作实力，旨在为文库开一个好头，今后还将出版更多九三学社文学爱好者的优秀作品。

文学是人类文明殿堂里的瑰宝。好的文学作品能反映社会现实，映照人的灵魂，揭示真善美。经常阅读好的文学作品，能够丰富精神生活，滋润心田，陶冶情操，深化对人生、对生命、对社会的理解，所以我一直倡导我们九三学社的同志多读优秀文学作品。我曾经在社中央全会上以及多个场合，建议大家阅读陈忠实写的《白鹿原》。记得毛主席曾经说过，要了解中国封建社会，就去读《红楼梦》，我演绎了一下：要了解中国晚清到民国的社会，要了解中国近代农村，就去读《白鹿原》。近年来我读莫言的《蛙》、王蒙的《活动变人形》、王安忆的《长恨歌》与《启蒙时代》、贾平凹的《古炉》等，读每一期《新华文摘》转载的小说，都让我对人性与对中国社会有更深入的理解。我读刘慈欣的科幻小说《三体》，对天体物理有了从来没有过的了解和兴趣。总之，我体会到经常阅读好的文学作品，能开阔自己的视野，提升自己的境界，使自己深刻、高贵和优雅，面对纷乱浮躁的社会不至于迷失方向或放弃操守。

九三学社是以科技界为主体的参政党，但历史上也不乏在人文领域卓有建树的大家，比如红学家俞平伯，语言学家黎锦熙，国学大师刘文典、程千帆、游国恩，还有杨振声、李长之、魏建功、肖涤非、冯沅君、启功等，包括我们九三学社的创始人许德珩先生。此外，像梁希、潘菽、涂长望、茅以升、周培源、吴阶平、王选等许许多多出色的科学家，都具有深厚的文学功底和艺术修养，人文精神的滋养与他们的成才以及在科学技术方面取得重大成就有着密不可分的联系。

记得在"家园记忆"文学笔会上有一位同志提出"九三人要有一颗文学的心"，我深以为然。希望全社更加关注文学，大家读更多的优秀文学著作，也特别希望我们九三学社的文学爱好者能写出更多有思想、有筋骨、有温度、有想象力和创造力的优秀作品。祝愿"九三文学创作文库"办得越来越好，成长为九三学社家园里枝叶茂盛的美丽奇葩。

韩启德

2016年11月19日

目 录
Contents

电线上的风筝 …………………………………… 1

谁是小杏 ………………………………………… 19

来苏 ……………………………………………… 43

母亲的爱情 ……………………………………… 57

孤证 ……………………………………………… 78

印象 ……………………………………………… 99

待铺 ……………………………………………… 114

在温暖中入眠 …………………………………… 127

米酒店老板的女儿 ……………………………… 142

日常生活的景象（三题）………………………… 155

扑腾的鸟 ………………………………………… 171

毒酒事件 ………………………………………… 186

电线上的风筝

一

没有人知道,身材瘦小的周树为什么会娶牛高马大的孔令燕。也许是受制于各自体型的原因无法找到自己的另一半,最后两个同病相怜的人只好走到一起了。一个晚霞满天的黄昏,他们在丹城的世纪酒店举行的婚礼,很久以后还成为这座城市的人们津津乐道的谈资。人们觉得,这两个外形大相径庭的人"中和"以后,下一辈人可能会正常一些。当然,这只是人们善意的想法。

结婚好些年,一直没有孩子。对两人房事的设想,也让许多熟悉他们的丹城人乐此不疲。周树对于孔令燕,就像是一只蜻蜓,以飞机的名义,降落在本为空中客车准备的机场。甚至有人想象,如果在房事的过程中孔令燕突然站起身来,那么周树也许会像一只趴在墙上的壁虎。

从后面看,周树像是一个永远也不会发育的孩子。负责管理

孤　证

他身体的钟表出了问题，时针、分针和秒针同时卡住了，仿佛是在过去很久的某一天，他的身体就被定了型，而且从此之后不容篡改。但是，他的面孔却跟随着时间的大军一直前行，从来没有掉过队，所以当一个陌生人走在他的身后，如果周树突然转过身来，长着一绺山羊胡须的沧桑面孔，往往会把后面的人吓一跳。

也有人觉得，周树之所以能娶到孔令燕，与他有一份不错的工作有关。他是丹城供电局的线路检修工，在一个号称"电老虎"的部门，收入自是不菲。更为关键的是，周树非常热爱他的工作，人们常常看到他挂在城市郊外的电线上，像去年秋天被谁丢弃的一架风筝。身体轻盈的身材劣势在他的工作上奇迹般地转化为优势，所以，许多事情就非他莫属。比如下乡去检修高压线路，或者在城市的下水道里面游刃有余地处理电缆。周树因此成为丹城供电局的"法定"劳模，每年"五一"之前，都要胸挂大红花，接受市里甚至省里的表彰。没有人会与他争这份荣誉，也没有人对他年复一年的劳模荣誉有什么意见。

何况，对于一个男人来说，有什么样的荣誉能够抚平被妻子暴打带来的屈辱？周树也不是不想反抗，而是他的反抗几乎不起作用。孔令燕是汽车公司的修理工，时常穿一身油腻的工装，业余时间在工厂打篮球中锋，将球举在空中，喜欢在十二码附近转身，把几个防守她的人撞得东倒西歪，感觉有万夫不当之勇。

多年前，一部名叫《不要与陌生人说话》的电视剧突然火了，大家在对女主角的同情中，自然而然地想起周树来。没有任何悬念，如果周树与孔令燕之间发生家暴，谁是施暴者谁是受害者一目了然。有时，在漆黑的深夜，周树家里会发出一声惨叫，但往往只叫一声，立即就偃旗息鼓，让许多好奇的耳朵意犹未尽。第二天早晨，当人们再次见到周树的时候，却看不出昨夜被施暴的任何痕迹，身上的衣裤遮蔽了一切，仿佛在刚刚过去的那个不堪的夜里，两人的婚姻波澜不惊，一帆风顺。

局里的领导一直把周树当成宝贝，时代发展到今天，像他这样任劳任怨的人不多了，因而当身上青一块紫一块的周树略显笨拙地挂在电缆上时，供电局的领导就会委婉地向孔令燕表达他们的不满。事实上，早在两人结婚的时候，大家就不相信他们会白头偕老。但奇怪的是，许多年过去了，两人歪歪扭扭的婚姻，却保持着一种怪异的平衡，一直沿续到今天。

二

门被谁轻敲了两声。栗强刚摸到了一手好牌，心情不错，叫了一声"进来"！

黄昏时分，三江口派出所警务室的门被突然推开，屋子里喧嚣的声音停了下来，短暂的诧异带来的安静中，派出所所长栗强低下眼帘看了看走进来的人，随即又将目光搁在他手中的牌上。

进来的这个人，看上去给人的感觉没有什么重量，像一个纸人，宽大的衣服套在"人"字形的衣架上面。屋子里的电灯瓦数不高，昏昏地悬置在几个人的头顶，加之不断从一张张嘴中喷吐出来的烟雾，让栗强所长手中的牌模糊不清。所以，他偶尔要抬高手臂，把牌凑近头顶的电灯，好把上面的花色看清。

孤　证

人的身体是带有气场的，有些人重，有些人轻。眼下进来的这个人就显得轻，仿佛一生下来，就注定了要生活在墙角。胆怯、畏缩、一辈子无足轻重。

"说吧！有什么事？"栗强所长将叼在嘴上的香烟从左嘴角一下挪到右嘴角，轻蔑地往面前的小圆桌上扔了一张梅花J，然后将手中的牌合拢在一起，并不看刚才从外面进来的这个人。

"我来投案！"来人说话的声音很轻，比从栗强所长嘴中吐出的烟雾还要轻，就像一个人睡梦中的呓语，犹疑、欲言又止。栗强转过头来，看见灯光下一张苍白的脸，漂白过一般。他注意到，前来投案自首的人只与坐着的他们一样高，毫无威胁，让人不由自主地轻视。栗强皱着眉头将纸烟从嘴上拿下，如果说刚进来的这个小个子男人是来报案他不会奇怪，投案就奇怪了，栗强很快又将注意力放在了牌上。"说吧，犯了什么事？"他心不在焉地说。

小个子男人犹豫了片刻，吞吞吐吐地说："今天下午，在，在镇外山上的一块玉米地里，我……"

"接着说！"栗强所长似乎对小个子男人所说的事情来了兴趣，但依旧不去看他。看不看都不重要。对于一个面色苍白而又给人感觉没有重量的男人，即使他现在手里提了一把血淋淋的刀，栗强都不会感到丁点儿害怕。

"今天下午，我在镇外的玉米地里，强奸了，一个女人……"小个子男人嗫嚅着，烟雾中透出他渐渐变红的脸。

"哦？"栗强所长似乎有点好奇，他没有像其余三个人那样，转过头去看小个子男人，而是再一次把合在一起的牌，对着电灯打开。"强奸？说说经过！"栗强将嘴角一侧叼着的烟又换到了另一个嘴角，他开始有了兴趣。

"今天下午，"小个子男人说，"我检修电线到了镇外的坡地，看到有个女人在玉米地里锄草，她很性感，挥动锄头的时候两只乳房在衣服里上蹿下跳。还有，她弯腰的时候屁股圆润，我拼命控制自己，可是最后没有能控制住……"

栗强所长终于再次转过头来，一只眼睛眯着，一只眼睛闭着，打量着站在身旁的小个子男人。"你好像不是镇上的人？"栗强问。

"县城供电所的，下来检查线路。"小个子男人说，"我身子轻，所以上电线检查的事情全归我。"

栗强闭着眼睛点了点头，他想起来了，昨天县城供电所有几个人下来，傍晚的时候还有人来过派出所，说要请他们吃饭，但被栗强拒绝了。栗强这几天有点感冒，厌油，他想等自己身体康复几天，再接受邀请。

"你把强奸的事情从头至尾说一遍！"栗强所长不由分说，然后扯起有些沙哑的声音叫道："小李、小李！"一个年纪轻轻的警察应声推门进来，栗强指着墙角的电脑桌对小李说："你做做笔录，就在这里。"他似乎不想放弃打牌的娱乐，却又想听小个子男人是怎样强奸那个农妇的。栗强看了一眼投案的男子，总觉得在这个世界的某一个地方，有一只老鼠，陷进了巨大的沙漏里。

"我叫周树。周公的周，树木的树，很好记。"但是这个名字好记的人声音却很小，不过听上去却很清晰。一旦回忆起自己

孤　证

作案的过程，周树像是换了一个人，变得口齿伶俐、从容、娓娓道来，极有条理，而且对作案前的心理、过程中的快慰以及事后心理的负担和压力都说得很细，工笔画的手法，包括他在强暴那个农妇时压断了几棵正在生长的玉米，他都说得清清楚楚。温故知新，事后他仿佛回忆过一百遍。但正是因为细节过于真实，反而让栗强产生怀疑。他皱起眉头，额头上，出现了一个泛着油光的"川"字，根据从警多年的经验，栗强判断眼前的这个小个子男人在撒谎。不是他做的笔录有什么问题，而是他瘦而单薄的身体在撒谎，何况一个男人强奸了一个女人，事后通常会惊慌失措逃之夭夭，谁还会如此从容地停下来，像检验自己的战果那样，查看自己快乐时，压断的几株玉米。

"究竟压断了几棵玉米？"栗强出人意料地问。

"五棵。"小个子男人迟疑了一下，坚定地说。

就在周树陈述案情的时候，栗强所长一直在打牌，与其他几个人一样，他的耳朵变得越来越灵敏，听到让人激动的细节，栗强会停下牌来，表示没有听清楚，让周树再重复一次。烟雾中会传来笑声，他们打牌的速度也慢了下来。

那是个令人愉快的夜晚，感冒好像轻松了一些，栗强所长感觉到有一些饿了，他想打完牌后，要到镇口的香又来饭店煮碗面条。

"那女的力气大得很，一直在挣扎……"

小个子周树的表述简直口若悬河，理直气壮，仿佛是在给打牌的几个人做报告。栗强又停了下来，把手中的牌合拢，回过头去看小个子男人，甚至还笑了一下，眼睛里面有了鼓励的内容。

周树显然还沉浸在巨大的快乐中，他说，没想到，一个三十多岁的女人，当她的衣服脱光以后，身子会如此的光滑，而且结实，身上有汗，不容易控制住，像一只巨大的泥鳅。但是当他抵进去时，女人就停止了反抗，就像触电一样，她开始安静，后来就抖动起来，就像一只肥硕的电鳗那样不停地扭动身体，弄得周树也没有坚持得太久。完事以后，女人穿上衣服和裤子慌慌张张逃走了，锄玉米的锄头被丢在了坡下，周树还坐在地埂上吸了两支烟，并把烟屁股按熄在一片南瓜叶上。

"你抽的是什么烟？"栗强所长出人意料地问。

"红河。硬壳的，十块钱一包的。"小个子男人说。

笔录结束。栗强的心情大好，他对小个子男人说："你今天先回去，拘留室里今天住不下人，要不，你明天晚上再来？"

"好的。"周树嗫嚅着，迟疑着朝门外走去，这时栗强在他身后说："报假案是要受处罚的！"栗强的声音听上去很冷，脸上有了因怀疑而迅速弥漫覆盖的一层霜。

负责进行笔录的警员小李没有反应过来，当小个子男人从屋子里消失以后，他有些迟疑地问栗强："他要是明晚不来，反悔了偷偷跑了怎么办？"

"不怎么办！你看他像强奸犯吗？"栗强所长取下嘴上的烟屁股，把它摁灭在圆桌上的烟灰缸里。

三

小镇三江口在上午九点左右仿佛休克掉，周末，派出所后面的小学校没有了往日朗朗的读书声。靖江县所辖的这个小镇位置偏僻,藏在乌蒙山巨大的皱褶里,平时很少有往来的行人,加之小镇附近村庄的青壮年大都外出打工,这座小镇已经很久没有发生过刑事案件了,平静得让栗强和他的警员很长一段时间无所事事。

昨晚喝了点酒,睡前又服下了两粒克感敏,轻微的安眠,栗强一夜都在飞翔。等他睁开眼睛,感冒症状已经消失得无影无踪。阳光从窗帘的缝隙里透射进来,在洁白的墙壁上,留下一条细长的光带。他点燃了一根烟,从烟雾里想起了那个小个子男人苍白失血的脸。

充实的一天开始了。

县城供电所的检修队住在小镇另外一头的临江居。栗强所长带着所里的民警小李穿过整个小镇。五六个卖蔬菜的妇人蹲在街边,一张肉案懒洋洋地支在巨大的红色遮阳伞下面,赤裸着胳膊的屠夫尤四斜靠在椅子上,神思恍惚,又好像在缅怀曾经的温柔乡。见到栗强所长,尤四如同被打了强心针,来了精神,掏出烟来,想递给栗强。栗强冷漠地接了过来,点了一下头,算是回应尤四热情的招呼。每一次见到尤四,栗强都会留意他嘴角的那颗黑痣,就像是一颗花椒籽。等走过尤四的肉摊,栗强笑了起来,他对民警小李说:"昨晚来投案的,是尤四那家伙还差不多,这小子一身欲望,看上去就像强奸犯!"

临江居就修在镇口,河滩上垒起的建筑,公路以下是水泥柱子,看上去头重脚轻。天气已经开始变热,栗强所长坐在靠江边的窗口,江风有一阵没一阵,像一个垂死者的呼吸,河水的声音倒是清晰而又具体洗刷着耳鼓。

投案的小个子男人没在,队长在。他认识栗强,栗强却对他毫无印象，这让栗强所长的虚荣心得到轻微的安抚。他仔细向队长打听了小个子男人的情况，队长说："哦，你要找的是周树，他娶了一个牛高马大的女人，经常被打。"

听栗强说周树昨晚去派出所投案，又听栗强复述了简单的案情，队长哈哈大笑。他说："周树被人强奸还差不多。"在队长的口中，小个子男人周树如果能够强奸人，就出息了，结婚十来年了，都没有播下种子，那么肥沃的一块土地，周树都没法耕种。队长用怀疑的声调说："我估计，周树在那个方面可能有问题，他那个人，从小被女人欺负，身体的那个地方可能没有发育过。"

"昨晚还做了笔录，案发的经过讲得非常具体。"栗强所长伸手接过队长递过来的烟说，"笔录上面看不出破绽，如果不是见到了周树本人，不会觉得是报假案。"

队长说，供电局过"三八节"，局里工会组织女职工外出旅游，都是周树陪她们去，安全，没有威胁性，女职工们都觉得他好使唤，没有人会不放心。他那样的男人，就是把他和女人关在一间屋子里，甚至让他们睡在一张床上，你也坚信不会发生任何事情。

栗强所长示意小李把昨晚做的笔录交给队长，队长接过来，猛地吸了两口烟，把烟屁股夹在拇指和中指间，从窗口弹了出去。在队长看笔录的时候，无所事事的栗强从临江居的门里，看到有两个穿裙子的年轻女人从屋外的阳光下走过，继而他又想到了那个看似没有重量的小个子男人周树，栗强摇了摇头，笑了。

队长飞快地看完了民警小李做的笔录，提出个问题：会不会是周树用刀威胁呢？他昨天下午到镇外去检修线路，随身带有电工刀……

"笔录里面没有说用刀。"栗强说，"犯罪嫌疑人的供述里非常详细，没说用刀威胁，他只是说从身后抱住了女人，用胳膊勒住了受害人的脖子……"

"会不会是那女人的男人外出打工，自己也有那方面的需求，因此半推半就呢？"队长又从口袋里掏出香烟来，递了一支给栗强说，"现在农村的空巢家庭很多，留守妇女也有需求，碰到有人非礼，没准儿还暗自高兴呢！"

栗强低下头来，在队长双手捧着的火苗中点燃了烟。"你的推测也不是没有道理，"栗强所长很舒服地把身子靠在墙上说，"笔录是投案人的一面之词，下午我们一起去查勘现场，还要向受害者详细了解案发的经过，才能最后确定案件的性质。"

四

镇外的坡地上种满了玉米，绿色的茎秆上密布着大刀一样的叶片，山上的青纱帐，半腰深的玉米茁壮生长，弥漫着大地发情的气息。一条土路佩带一样斜挎过来，小个子男人周树停下脚步，他的背后有一棵高大的核桃树，青色的果实藏在叶片中。在核桃树的上方，有高压电线笔直地穿过。

案发现场就在土路下面的玉米地里，台地，延伸到远处的地垠，一台又一台，奇异的几何版块，因种植了玉米而变得边缘模糊。"就在下面！"周树指着不远处的坡地说。但是路边的玉米地里，看不出有人走过的痕迹。

"你带路！"栗强的表情狐疑，离开临江居往镇外的坡地走来，他一直是这个表情。周树不像其他犯罪嫌疑人那样，在指认现场的时候戴着手铐，他像一只猴子一样，敏捷地从土路上跳入玉米地，双手不断拂开前面的玉米。

走了大约二十来米，突然的落差之后，是又一台玉米地，里面果真有可疑的迹象。一个春天收割后留下的麦草堆旁，有几株被压倒的玉米，栗强所长在倒伏的玉米旁蹲了下来，目光如炬，搜索着玉米地里可疑的蛛丝马迹。几天前下过大雨，玉米地还有些轻微的潮湿，泥地上有两个小坑，栗强所长判断是脚后跟不断用力蹬踏出来的，他凑近了细看，在这两个小坑的稍下方，还有两个模糊的脚掌印，甚至，他还可以从泥地上的纹路，看出脚掌用力时的轨迹。

所有人的表情都变得暧昧起来，他们轻声交谈，发表自己的见解，完全不顾当事人周树就站在现场。"周树，你行啊！"队长用一种非常陌生的眼光，看着身边这位貌不惊人的小个子。

路边核桃树上歇息的蝉"知乌知乌"地鸣唱，声嘶力竭，仿佛要把不大的身躯融化为一个刺耳的音符。民警小李把手中的照相机对准案发现场，从各个角度拍摄，玉米地里的人都看见了，栗强所长面前的泥地上，有因人体的重量而压出来的隐约人形。模糊、奇异、激发想象。

不知道为什么，栗强所长总是觉得，昨天下午，小个子男人周树身体下面的女人，那个表面假意挣扎其实刻意迎合的女人

孤　证

会长得丰乳肥臀，厚实得就像……就像这块长满了玉米的台地。栗强伸出手来，摸了摸脚下的土地，柔软，能够感觉到地底下隐约的水气。

现场很快就勘验完毕，还没遭到破坏，周边的景致与周树的供词高度吻合。想着昨天下午这里曾发生过的动人情景，栗强用鼻子深深地吸了一口气，试图想捕捉到一股曾经留存但现已消失的味道，然后抬眼望了望泥地一侧的麦草堆。和眼前的泥地相比，麦草堆更像一张床榻，很多年以前，栗强还是乡村少年的时候，就曾在村外的麦草堆上，看见过有人野合。夜晚，月光如水，安静的大地上仿佛就只剩下两个轻喘的生命，是他们为栗强开启了生命中的另一扇门。当年曾体验过的甜蜜和憧憬，一下子注入到栗强所长的心里。

玉米地里出现短暂的沉默，江水咆哮的声音远远传了过来，栗强抬头望了望远处，突然说："作案后，你不是还坐在地埂边抽了两支烟？"

台地的边缘，有石砌的保坎，栗强在一块石头上发现了一片枯萎的南瓜叶，叶片上面有两个立着的烟头，一同跟随查勘现场的民警小李机警地从背包里拿出镊子，小心地把烟头夹了，凑在眼前仔细观看。"是红河牌香烟。"小李说着把烟蒂放进了随身携带的塑料袋里。

一只蟋蟀从石缝里跳了出来，伸着两只触须，试探着空气。有风吹过，玉米茎上大刀一样的叶片整齐地舞动起来，像划桨的声音，一下，又一下，极有节奏，栗强在这样的节奏中，仿佛看见了两只绷紧了往后用力蹬的腿。

小个子周树站在玉米地里，再次把他昨天下午作案的经过重复了一遍。被动的说书人，依旧保持着讲述的激情。他的语速有些快，内容与昨晚笔录的完全一致。所不同的是，周树在讲述的时候还辅之以手势，故地重游，意念中的温柔情景再次浮现，他讲得眉飞色舞，仿佛昨天下午在此所做的，是一件极为崇高的事情，就像他作为劳模，巡回演讲时所作的报告。周树说，事后，当他心满意足坐在地埂边抽烟时，晕眩的女人苏醒了过来，她羞愧万端，低着头顺着地埂边迅速消失，慌慌张张，甚至遗忘了留在玉米地里的锄头。

　　栗强所长若有所思地点点头，他低头望着站在面前的周树说："如果真是强奸，你麻烦了！"他不知道为何突然对眼前的小个子男人产生了同情。栗强小声对陪同前来勘查现场的队长说，要是那个女人本身也愿意，情况就会好得多，像是暗示队长让周树改口供。突然，栗强告诉跟随他来的民警小李打电话给所里，要所里的人把村委会的人叫来。"记好了，"栗强在电话里叮嘱，"让村主任把小组长也叫来，否则，不知道是谁家的玉米地。"

　　离开现场的时候，栗强所长像是突然想起了什么。"锄头呢？"他问。周树用手指着石坎的下面。果真有周树供词笔录中所说的锄头。民警小李跳下去把它拿了上来，扛在肩上，土灰色的锄把上面，有两个地方特别光滑，伴随着锄头的晃动，偶尔有刺眼的阳光从锄锋上反射过来。

五

说是村庄,但小镇三江口附近的人家住得极为分散,斜坡地带,房屋的建筑依山势而建。栗强他们没有费多大周折就锁定了受害人。三十多岁的女人,丰腴、健康,让人想起十月底垂悬在枝头的苹果。

提及昨天下午发生的事情,女人的脸变得通红,没有愤怒与委屈,更多的是羞涩。她低头坐在院子里的一棵李子树下,阳光斜射下来,明亮而斑驳。女人的丈夫,外出打工已经好几年,只有前年冬天回来过。她的两个孩子,天真无邪,在院子和屋子间窜进窜出。

仿佛是一次心平气和的家访。女人一开始并不愿意讲,矢口否认,她把一块劳动时擦汗的手帕,放在两手间绞紧放松,放松了又绞紧。栗强所长低下头去,目不转睛地望着女人的脚。女人穿着一双黑绒面料的褡袢鞋,肉色的短丝袜,脚背圆润地鼓起,一时没有人说话,栗强有一些恍惚,他仿佛又看到了玉米地里,那两个脚后跟蹬踏出来的泥坑。

犯罪嫌疑人周树没有来,他不买栗强所长的账,一口咬定是强奸,不是通奸。"通奸她就不会反抗了。"周树振振有词。证据确凿,周树如愿以偿,戴上了一对镀铬的手铐,关在了派出所楼梯下面狭窄的拘禁室里。

听得出来,女人对周树去投案有几分不快。在滇东北农村,发生男女间的事情,即使是女方感到无限快乐,也会觉得吃了大亏。在栗强所长的循循善诱下,女人委屈和愤怒起来,开始讲昨天下午发生的事情。她从离开家门到地里锄草开始,讲到了他的公婆,又从公婆讲到了丈夫。女人的丈夫外出三年,只回来过一次,女人怀疑他在外面有了外遇,但苦于没有把柄。

"老娘在屋里苦死苦活,他却在外面花天酒地!"女人的话语中带了情绪。

但是在讲到昨天下午遭到强暴时,女人的口气缓和了下来,缓慢、沉醉中的回忆,羞涩、欲言又止,难以启齿中,有一种慢慢品尝的意思。她讲到了对方是一个武孔有力的男人,在她的身后突然闪现,野蛮地抱住了她,并且把手一下从衣服的下摆伸了进去,握住了……女人在经过短暂的大脑空白之后,明白过来。不知道为什么,若有所思的栗强总是觉得昨天下午的强暴现场,女人的挣扎姿势怪异,造成了有意迎合的客观效果。

"那人身子高吗?"栗强忍不住问了一句。

"高!"女人犹豫了一下说:"和你差不多高。"

"和我坐着差不多,还是站着?"

女人的表情有些困惑,她说:"当然是站着,而且看上去比你还结实。"

突然,女人又对着栗强说:"你不是说那人投案自首了吗?你没看他长多高?"

"当然看到啦!"栗强说,"我们这不来调查嘛,如果事实确凿,那肯定要判他个三五年。"

得知强暴自己的男人去自首被关了起来,女人叹了一口气,她说:"关得好,免得他出来又到处去欺负人!"

这一天下午,栗强从女人的嘴中又听了一遍强暴的故事,事情的经过与周树的供词完全吻合,唯一的出入是受害人对施暴者的描绘。栗强断定,女人之所以要说强暴她的是一个身强力壮的中年男人,其实只是为了给自己找个台阶,以表明,自己之所以被人强暴,完全是由于力有不逮,抗争了,挣扎了,但由于力气小,最终还是失守了。

六

三江口派出所的栗强所长来家里了解情况的这天下午,女人想起了她遗失在苞谷地里的锄头。重要的农具,丢掉以后不方便,趁着天光还早,女人径直向一公里外的苞谷地走去。不知疲倦的蝉仍在鸣唱,空气中散发着隐约的腥味,让人的心中潮水泛滥。想到了那个强暴她的男人已经被投进牢里,女人感到了一丝惆怅和遗憾。

夏天的傍晚,太阳还老高,白昼显得过于漫长。女人来到玉米地,心事重重,她坐在昨天下午遭强暴的地方,有些恍惚。一旦隐没在这坡地上的青纱帐里,没有人能看得见她,不断拔高的玉米将她彻底遮挡。眼前这一大片绿色的植物,都出自于她的手,辛苦、孤独、无人理解。留守在家的女人,到了夏天,身体与这些植物一样悄无声息地膨胀。女人躺在了地埂边的麦草堆上,打开身体,又并拢,闭上了眼睛。阳光从清冽的天空照射下来,女人的脸鲜活而饱满。

昨天下午,差不多也是这个时辰,女人正在玉米地里锄草,若有所思的女人,机械地挥动着锄头,一下,又一下,声音从玉米秆的空隙间传了出去。突然，女人听见玉米叶片被人拨开的声音传来，她还没来得及回头，就被人从身后抱住。女人惊叫一声，丢开了手中的锄头，感觉到有冰冷的金属抵在脖子上。男人说，你只要不反抗，我就不伤害你，否则，给你破相。女人有些害怕，天空在旋转，她的身子发软，瘫倒在地上，压倒了几株生长中的玉米。

当男人在她身上忙碌的时候，女人一直闭着眼睛，她愿意把那男人，想象成久未归家的丈夫，心中有些酸楚。有一会儿，她的灵魂远游，看见了山下宽阔的江水，正一下又一下撞击着河岸，发出啪啪的响声。

就是在这样的响声中，女人曾经偷偷地睁开过眼睛，紧张、短促而又模糊，但是她看见了，那个伏在她身上的男人，嘴角有颗痣，随着身体的起伏，在她的眼前晃动，就像漂浮在水中的一粒花椒籽。

都是昨天的事了。女人躺在麦草堆上，睁开眼睛往坡地上方眺望，她看不见坡地上面的那条土路，却能看见土路边的那棵核桃树，以及从树上穿过的电线。昨天，事毕之后，男人仍旧伏在她的身上，他疲惫至极，仿佛熟睡了过去。女人悄悄睁开眼睛，她看见了男人靠得很近的耳朵，耳朵边的头发，以及，他耳朵边垂悬着的一架风筝。仰面朝天的女人，仿佛被谁窥破了隐私，她突然慌乱起来，把身上的男人掀在旁边，胡乱穿上衣裤。从玉米地里逃走的时候，女人又抬头望了望坡地上面的那棵核桃树，这一次，她看得更清楚了，核桃树上方的电线上，挂着的不是风筝，而是一个检修电线的人，他在电线上望着下

孤　证

面的玉米地一动不动。女人羞愧万端，从玉米地里仓皇而逃，甚至，都忘记带回丢弃在地里的锄头。

四周安静极了，派出所的警官来家里了解情况的这天下午，女人在麦草堆上躺到黄昏，附近树上的知了叫了一天，已显疲态，断断续续的鸣叫预示着夜晚即将到来。女人望着坡地上的那棵核桃树，昨天下午挂在高压电线上的那个人再没有出现。天空蔚蓝，深邃而有些虚弱。女人从麦草堆上爬了起来，低着头，像是在玉米地里寻找遗失的什么东西。后来，她缓慢地在昨天下午曾经受强暴的地点躺了下来。女人双手打开，双足抵住地上的两个坑印，严丝合缝的位置，女人面带笑意地闭上了眼睛。西下的夕阳将大地照得一片通红，更晚一些的时候，女人在回忆中仿佛又听见玉米地里传来窸窸窣窣的声音，就像昨天下午听到的声音一样。玉米的叶片被人一片片拨开，当女人睁开双眼的时候，她又看到了一张脸，嘴角的那颗痣，因为近在咫尺，而让人触目惊心。

谁是小杏

一

谁是小杏？目前我们暂时不能回答这个问题。现在，丹城医院口腔科年轻的女医生吴越，正在一间弥漫着来苏水味的屋子里想象着这么一个人：小杏。这间弥漫着来苏水味的屋子是丹城口腔科的门诊部，此刻是四月二十五日下午六点，春天的阳光透过了窗子的玻璃浸了进来，让我们能够比较清晰地看清楚吴越端庄的容颜。

这一天下午，当所有的医生都离开门诊部以后，吴越独自一个人留了下来，她穿着白色的工作服，来到了窗子边，并把额头抵在了被阳光晒得微微发烫的玻璃上。如果此刻有人从门诊部下面的水泥路上走过，就会看见模样清秀的吴越站在二楼的一扇窗子后面遥望着外面。站在那里，吴越可以看见窗外的那一排枇杷树以及树后面那幢黄色的小阁楼。春天的阳光让这位年轻女人脸上呈现出一种动人的光彩。在门诊部的那间弥漫

孤　证

着来苏水味的屋子里，吴越从身旁拖过一把升降椅，坐了下来。她的双手相握着放在双膝之间，长时间没有动一下。对肢体语言有一些了解的人知道，这种坐姿表明吴越是一个性格内向且作风严谨的人。那个时候，楼下那条通往医院大门的水泥路上，吴越的同事正在三三两两地消失。

一个年轻的少妇在下班以后不是忙着赶回家去，而是一个人在自己工作的地方滞留下来，这就意味着她的家庭生活很可能出现了某种变故。这一点，相信很多人稍作分析都会得出这样的判断。在这里要再一次提到"小杏"。当然，最初提到"小杏"这个名字的是吴越的丈夫汪楚铭，他是一家晚报的体育记者，今天一早，他乘火车去了成都。

现在让我们把注意力放回到昨天晚上，这样我们将在午夜的时候看到一个人骑车回到丹城的阳光小区，这个人就是我们下面要说到的汪楚铭。昨天晚上，在将自行车扛到三楼的时候（自行车存放处已经关了门），汪楚铭还吹着口哨，这表明汪楚铭在回到家的时候心情是很愉快的。接下来，汪楚铭打开屋门，在门边换了拖鞋，然后坐在沙发上点燃了一根烟，这才轻轻推开他和吴越的卧室门。当时，汪楚铭嘴里叼着烟，这样，透过薄薄的烟雾他看见吴越侧身躺在床上。

这是一对年轻夫妇的卧室。在吴越身旁的床头柜上，放着一本打开的《读者》，而紧靠着《读者》的是一个灯罩压得很低的台灯。光线从那个方向照射过来，将卧室里面的那张双人床切割成一明一暗两个三角形。当然，被切割的还有吴越靠在床边的头。汪楚铭看见，吴越的眼睛闭着，脸上的表情既庄重又安详。就当时的情形来看,汪楚铭站在卧室门边凝视着吴越身体的暗示,这一天夜里他将有所作为。过了一会儿,汪楚铭重新回到客厅,把烟头摁灭以后,这才来到吴越的床边。接下去汪楚铭没有像我们认为的那样轻轻地上了床,而是坐在床沿继续注视着熟睡中的吴越。

汪楚铭和吴越的卧室外面,隔着一排低矮的房屋有一个建设中的工地,此刻,沉闷的打桩声从那里清晰地传来,而悬挂在塔吊上的碘钨灯,则将工地四周照得一片雪亮。如果汪楚铭是一个对生活细心的人,那么他将发现照射过来的光线,穿过了几棵春天的梧桐,将斑驳的树影投射在他卧室的窗帘上。

假寐中的吴越伸过手去关掉了台灯,屋子里一下就暗了下来,就在屋子黑暗下来的那一瞬间,吴越的嘴角闪过一丝不易发觉的微笑。坐在吴越身边的汪楚铭一定也捕捉到了吴越脸上那转瞬即逝的表情,因此他把头低下来轻声说道:"吴越,我明天一早要去成都。"

吴越没有说话,她悄悄地翻了个身,算是作为回答。

"要去三天,"汪楚铭再次把头靠近吴越,"坐火车去,在那里采访一场甲A,然后星期一下午坐飞机回来。"

"所以我今晚要送你一样礼物!"汪楚铭又说。

婚后的汪楚铭偶尔会到外地出差。通常,他在离家前的那天晚上,总要和吴越尽情地做爱,这已经成为了一种习惯。他认为这是走了以后对留在家里的吴越最好的安慰,当然这样的夜晚吴越也会尽力配合,她同样也希望能给出门在外的汪楚铭带来好心情。因此,即便是回来得很晚了,汪楚铭也不准备改变这个习惯，他像往常那样，把和吴越做爱称之为送吴越一样小礼物，但是吴越一下就把头藏在了被子里，看样子她这天夜里不准备接受汪楚铭的礼物了。不过从后来发展的情况来看，吴越的躲藏实际上是一个序曲，眼下一切发展都还比较顺利，接下去的事情对于有过夫妻生活的人来说并不难想象。需要强调的一点是，这样的夜晚汪楚铭总会表现得比平常疯狂，如果说汪楚铭后来不是在快乐至极的时候呼喊了一声"小杏"，那么对于吴越来说，这个夜晚会是她此后三天值得回味的夜晚，但是一切都让汪楚铭的那一声呼喊破坏了。

事后仍然蜷伏在吴越身上的汪楚铭很快就进入了梦乡（这同样是他的一个习惯），他一点也没有发现身下的这个女人情绪上发生的微妙变化。对于吴越来说，丈夫呼喊的那一声"小杏"，让她失眠了。这个夜晚，吴越想起了汪楚铭五年前曾经在成都读了四年的大学，此后他成了《丹城晚报》的体育记者，又数次到那里去采访过，完全有可能在那个地方埋下一颗风流的种子。如果真是这样，那么汪楚铭一定是在去成都之前的这个晚上，联想起了他在那座遥远的城市所度过的销魂时刻，从而把自己当作了他幻景之中的小杏。黑暗之中，吴越睁着双眼望着躺在她身上的汪楚铭，第一次感觉到这个同她生活了两年的男人是这样的陌生。

窗外的打桩声已经停息下去，可工地上的碘钨灯把外面照得如同白昼，吴越望着窗帘上的那些在春天刚刚撑开的树叶，眼睛里突然流出了泪水。

现在可以把注意力重新放回丹城医院口腔科的门诊部里来

了。此刻光线已经暗淡下来，门诊部里出现了可怕的宁静，而吴越的头仍然像先前那样抵在窗玻璃上，眼睛望着窗外。可以肯定，现在吴越视野里一定不是窗外那一排变得越来越模糊的枇杷树，而是一列正穿行于成都郊外的火车，吴越看见汪楚铭就坐在那里面，并且借助着这列北行的火车朝着他的目标靠近。

这个目标当然只能是吴越想象中的"小杏"。和许多正常的女人一样，当怀疑自己的丈夫在成都和一个年轻的女人有染以后，吴越感到特别痛苦，以往那个让她感到温暖的家现在正在失去意义，这种怀疑此刻像是一群蚂蚁，啃食着两人之间那种美好的感情。想着那个自己熟悉不过的身体，在这天夜里将会被一个叫小杏的陌生女人抱着，吴越就感到又嫉妒又失落。

从医院回到家里的时候，已经是晚上八点了，吴越直接来到了书房，开始在汪楚铭的那些采访本里搜寻小杏的蛛丝马迹。在汪楚铭的那些采访本里，吴越没有什么收获，那上面大多是汪楚铭在体育比赛现场做的一些记录，没有一条路径可以通向小杏那里。现在，吴越在书房里面的那只转椅上坐了下来，她的头微微上扬，眼睛盯住了书架上方那一排略显陈旧的笔记本。很显然，吴越目前还不准备放弃她的寻找。

我们现在终于可以感受到，即便是像吴越这样外表温顺的女人，嫉妒心也是非常可怕的。当然和其他女人不同的是，吴越从来也不在汪楚铭的面前表现出来，即便是昨天夜里，当汪楚铭忍不住叫了一声"小杏"以后，吴越也只是吃惊地问了一句"你叫谁的名字"，之后她像是迅速忘掉了这个让人不愉快的小插曲。而现在，为了能够找到有关小杏的一点点信息，她可以不吃饭而这么忘我地工作。后来，吴越干脆把书房里面唯一的转椅拖了过去，靠在了书架边，鞋也没脱就爬了上去。

从书架的顶端，吴越抱下来一捆落满了灰尘的笔记本，这是汪楚铭读大学时的课堂笔记。看得出来，汪楚铭在四川大学读书的时候是一个不错的学生，他的那些笔记书写得非常工整。这样一来，吴越也就没有在上面发现什么有价值的东西，唯一引起吴越注意的是一则批语摘录："邓肯在一本叫《开放的时代》的书中写道，美国 60 年代的大学生在进校时，有 95% 的不是处女。结果有人在邓肯的句子下面画了一条红线，并批注上 90 年代的中国亦然！"

二

那件让吴越感到不高兴的事已经过去三个月了，此后在汪楚铭出差的前夜，吴越总是会找一些理由来拒绝汪楚铭，她不愿再听到丈夫和她做爱的时候呼喊着小杏的名字，从某种意义上来说，吴越的这种拒绝说明了她在潜意识里已经原谅了汪楚铭。

不过，那天夜里汪楚铭的呼喊从此改变了吴越的生活，此后汪楚铭到外地去出差时，吴越就不再像从前那样一个人守在屋子里了，如果那样的话，她就会控制不住自己要去想象汪楚铭和那个叫小杏的女人做爱的情景。即便有时汪楚铭出差的地方不是成都，吴越在想象他在外越轨时，对象也往往是那个小杏。可以说,"小杏"已经成了吴越假想中一个无所不在的敌人。在这种背景下,当有一天内科的顾洁(她是吴越中学时代的同班同学,大学时读的又是同一所医学院)约她去参加一个家庭 party(聚会)时,吴越几乎没怎么犹豫就同意了。

吴越去参加这个家庭 party 是在一个星期五的晚上,她下班以后没有回家,她的丈夫汪楚铭一早去了武汉,大约要一个星期才回来,这样吴越就跟着顾洁来到了她的家里。在那里吃过晚饭以后,两人又躲进了卧室,在顾洁的梳妆台前对面部做了认真的修理。吴越后来问顾洁:"你先生去不去?"顾洁摇了摇头,小声地对着吴越的耳朵说:"先生去了不好玩。"

从顾洁家里出来,时间还早,两人决定先去逛一逛商店,然后再去参加聚会。这天晚上,吴越去参加的这个家庭 party 是顾洁的一个在旅游局工作的朋友举办的,顾洁说,她叫唐燕。当时,吴越也曾感到有一些不安,毕竟这是她第一次离开汪楚铭参加这样的聚会。顾洁对吴越说:"其实这种家庭 party 也就是一些年轻人聚在一起聊聊天,做做游戏,最多也就是跳跳舞。"吴越问:"做一些什么样的游戏?"顾洁说:"这主要看聚会上的气氛,一般来说,做游戏也就是为了活跃一下气氛,让彼此消除陌生感,当然如果大家都放得开,有时候也会闹一些。"

大约晚上八点,当吴越和顾洁敲开唐燕家的门时,她们看到整个屋子里的人都戴着面具,看上去像是一个动物聚会的场所。这个时候一只梅花鹿走了过来,她取下脸上的面具,露出了一张略微显得有些妖艳的面孔。顾洁对身边的吴越说:"她就是唐燕。"说话的时候,她们已经走到了屋子的中央,唐燕

孤　证

对那些坐在沙发上的豹子、老虎以及灰狼说："这位是我们丹城医院内科的顾洁医生，今天她当袋鼠。"然后她又请顾洁介绍了吴越。顾洁说："我的这位朋友是丹城医院牙科的吴越医生。"唐燕这时递了一个面具过来，"吴越医生今天晚上就当白兔。"唐燕说。

如果我们对这个家庭 party 进行观察，就会发现一屋子的动物主要分为两类，一类是食肉动物，另一类自然是食草动物。由于面具的影响，彼此都看不见对方的表情，而只能够通过他们的形体和衣着，得出戴食肉动物面具的是男人，而戴食草动物面具的是女人。

现在还是让我们来看看那只不安的兔子。

即便戴上了面具，吴越仍然感到有一些拘谨，她挽着顾洁的手坐在了墙角的一个双人沙发上。透过面具上面的那两个小孔，吴越悄悄地打量着这间屋子，这样她就在墙上看见了许多用木框镶起的摄影照片，其中一幅是女主人坐在麦地边的照片，由于用光的效果比较好，照片上的唐燕比眼前的唐燕看上去要漂亮许多。可以猜想得到，这间屋子的男主人是一个摄影爱好者，后来吴越站了起来，她看见自己的头上，是一幅两个喇嘛坐在青稞架下的照片。照片上，阳光是从摄影师站的这个方向照射过去的，可以感觉到，摄影的时间已经是傍晚了，阳光把他们的身影拉得很长，并且在喇嘛的脸上镀上了一层金色，因此看上去一片祥和。

这天晚上，第一次参加家庭 party 的吴越穿着紫色的长裙，由于裁剪师出色的手艺，她身上的曲线被完整地呈现出来，再配上那个长着长胡须的白兔面具，吴越给人的感觉相当的明亮，因此她在这次家庭 party 上被人留意也就成了一件很正常的事。

家庭 party 上的第一个游戏是写成语。主持人是一只花猫和一只梅花鹿，梅花鹿就是今晚的女主人唐燕，而花猫的本来面目暂时还不清楚，我们注意到，他的手中拿着一叠白纸。

"我们每个人在白纸上写上自己的名字。"花猫说，"然后在名字后面写上三个成语。"

吴越发现，平时口若悬河的人，此时为了写出三个成语竟然煞费苦心。在一阵犹豫之后，坐在顾洁身边的吴越在自己的名字后面写上了"将错就错、守株待兔、忐忑不安"这三个成语。这里我们要说明的是，吴越对这种游戏没有一点防备，否则她不会轻率地写出这三个成语，而坐在吴越身边的顾洁写的则是"奋不顾身、人仰马翻、舍己救人"。现在花猫从人们的手中收回了纸条，即便是戴着面具，大家也能够感受到他脸上诡秘的微笑。

"现在我公布游戏规则，"花猫把手中写满了成语的纸条扬了扬说，"每张纸条上都有三个成语，第一个成语表示的是初恋，第二个成语表示的是新婚之夜，第三个成语表示的是第三者插足，现在让唐燕小姐来揭开谜底。"

"让我们来看看今晚第一个出场的人谁？"梅花鹿从花猫的手中抽出了一张纸条，看了看说道："有请陈达先生出场！"

一只狼从门边的沙发上站了起来，走到了屋子的中央。梅花鹿说："陈达先生外表看上去像一只北方的狼，其实他是丹城师大中文系的老师，他的初恋是——千篇一律。"人群中发出一阵哀叹，仿佛为陈达同志千篇一律的初恋叹息。接下去梅花鹿又说，"陈先生的新婚之夜，则是——一日千里（屋子里的人们爆发出热烈的掌声，有人还点评陈达同志的新婚之夜一定是在飞机上度过的），至于第三者插足，陈达先生是胆大包天。"屋子里的人一下兴奋起来，梅花鹿这时不失时机地点评："这样一来，我们的陈达老师就成了一匹潜伏在丹城师大里的狼。"

这个小游戏很快就让屋子里面的气氛活跃起来，"性"成了每一个成语的引申义，大家为每一个可能产生奇异联想的成语击节叫好，这时吴越一个人偷偷地笑了起来，她一定是觉得顾洁写的那三个成语非常有意思，尤其是表示新婚之夜的那个"人仰马翻"，吴越觉得它简直是意味深长。后来轮到吴越时，梅花鹿说，吴越小姐初恋是将错就错，新婚之夜是守株待兔，第三者插足是忐忑不安，这时站在屋子中央的吴越听见一头黑豹带头唱道："妹妹你大胆地往前走哇，往前走……"

三

那次让吴越难忘的家庭 party 过去半个月了。这一天上午，吴越正在为一位四环素牙患者进行光敏处理时，她收到了一封类似公函的信件。在白色的信封上，邮编、收信人地址、姓名以及寄信人地址全部是用计算机打印的，看上去它就像是一封邀请吴越去参加一个医学研讨会的公函。将近十一点，吴越结束了上午的工作，在对刚使用过的那些手术器械稍作处理以后，吴越在洗手池边洗了手，然后从窗台上拿起了那封信，坐在她经常坐的那只升降椅上。

现在已经是夏天。阳光从湛蓝的天空往下渗漏，那金属一般的光线，静静地停歇在门诊部外面那一排枇杷树上，仿佛是一种召唤。

很显然，吴越对收到这样一封奇怪的来信没有一点思想准备，因此当她剪开信封并从里面抽出信纸来时，吴越的眉头轻轻地皱了起来，此后她的表情一直显得非常的困惑。信是一位陌生男人写给吴越的，他在上面称呼吴越为"白兔女士"，所以我们猜想，陌生男人也许是那次家庭 party 上的某只食肉动物。在这封信上，写信人对吴越回忆了他高中时代的一个下午，他在信上这样说："十年前，当我在一所中学读高三的时候，突然因为一双脚爱上了低年级的一位年轻姑娘。"按照写信人的描述，那个遥远的下午，当他坐在教室里的时候，窗外的一棵梨树下，有一位低年级的女生正在那里。接下去，写信人借助窗玻璃的掩护，悄悄地观察起那位女生的双脚来。在信中，写信人告诉吴越，他觉得那双脚相当的可爱，以至于他当时希望那位低年级女生能够脱掉鞋袜，让他看一看那双脚。信的结尾，写信人说："那天晚上，当在家庭 party 上见到你时，我突然想起了中学时代的那位低年级女生，我注意到你那天晚上穿着一双黑颜色的中帮皮鞋和一身紫色的长裙。和你高挑的身材相比，你的那双脚显得非常的小巧，让人充满了怜爱，甚至想把它放在怀中静静地抚摸。我当时想，如果我是你的丈夫，我就会在晚上睡觉的时候，把你的那双脚抱在怀里。"

坐在升降椅上的吴越突然觉得自己的双脚传上来一股电流，

孤　证

她慢慢地转过头去望着窗外，目光越过了窗外的那幢小阁楼，眺望到了更远的地方。此刻，吴越不可挽回地再次回想起了那次家庭 party 时的情景。

现在我们只好跟随着吴越重温那次聚会的情景。唐燕的客厅很宽敞，在做完成语的游戏之后，戴着梅花鹿面具的唐燕关掉了所有的灯，代之是几支蜡烛，这样一来，暗淡的光线就让客厅里弥漫着一种浪漫的情调。当时，顾洁悄悄地对着吴越的耳朵说，在烛光里，女人看上去要比平常美丽。很快，唐燕在她的唱机里放了一盘镭射唱片，吴越记得打开音响时，从里面传出来的乐曲是《终有一天感动你》。

接下来的游戏被命名为"坠入爱河"。此时，成语游戏的主持人花猫回到了观众的位置，取而代之的是一只狐狸，他的手中拿着两个装着小纸条的纸盒，其中一个纸盒的纸条上，写的是今晚参加聚会的男人所戴的面具动物的名字；而另一个，自然不言而喻。狐狸说："这个坠入爱河的游戏，事实上就是跳情人舞，而谁是自己今晚的情人，得自己选择。"吴越在第一轮选择到的是那只唱"妹妹大胆往前走"的黑豹，而在第二轮，她则被一只豺狼选中。一开始，吴越觉得黑豹也好，豺狼也好，没有什么区别，大家都戴着面具，谁也看不见谁的真实面孔，但是到了后来，彼此之间那种很细微的差别就分出来了。那天晚上，当再次轮到女士选择时，吴越抽中的是一只黑猫，吴越发现，她和黑猫总是不能够和谐地踩在节拍上，这样，这只大胆的黑猫就轻声对吴越说："下面你跟着我的节奏走，我给你提示。"在接下去两人跳舞时，黑猫就用自己右手的食指有规律地在吴越的腰间一张一弛，吴越能够感觉得到，黑猫在同她跳舞时，心里有着一种不可言说的企图，他似乎是想通过食指的努力，来让眼前的这个女人产生生理上的反应，事实上，他的这种努力是成功的。在一个特定的地点，有一个看似合理的借口，男人和女人就可以相拥而舞，当吴越在唐燕家的客厅踏着音乐的节奏时，她并不觉得心怀鬼胎的黑猫有多讨厌，相反，在那次家庭 party 之后，吴越在想起那次跳舞时，她重温得最多的还是那只胆大包天的黑猫。

吴越还记得，黑猫在跳到后面的时候，把嘴凑在她的耳朵边说："你猜人们把跳情人舞叫作什么？"

"叫作什么？"

"唯唯豆奶！"黑猫说。

吴越是在下场来才明白黑猫所说的"唯唯豆奶"是什么含义，她当时的反应是，这个戴着黑猫面具的人是一个登徒子。如今写这信的人是不是那只黑猫呢？

从这以后，吴越发现在丹城，有一个男人总是在暗处注视着她，每个星期，她都能收到这个男人寄来的信。信的内容千奇百怪，有时候是《海特性学报告》里的一句话，有时候是李银河女士所著的《中国女性的感情与性》一书上的一个小故事，但吴越感觉得到，这个在暗中写信的男人是想通过这些信来对她进行诱导，目的非常明显，就是让她有朝一日能够通过这条用信件铺成的路，最终爬上他的床。应该说，最初吴越是抱着一种好奇的心理来阅读来信的，而且她把这件事当作了自己的隐私，一点风声也没透给丈夫汪楚铭。当然，吴越很大程度上这

孤　证

样做，和半年前的那个夜晚里汪楚铭在和她做爱时呼喊小杏的名字有关，我们甚至可以把它看作是吴越对汪楚铭的一种报复。

在这样一个只有两个人的游戏里，吴越的处境非常被动，同时也不公平。由于不知道那个给她写信的男人是谁，吴越就没有办法制止他，当然这样一来，吴越对这个躲在暗中的男人产生了兴趣，为此，她还专门调查过那天晚上在唐燕家参加 party 的所有男人，也打听到了那个曾对她心怀不轨的"黑猫"名叫殷荣，是丹城中保公司的一位职员。

现在我们将那天晚上参加家庭 party 的所有食肉动物进行简单的介绍：

> 东北虎——陆岳林，丹城美术出版社编辑，二十六岁。
> 大灰狼——陈达，丹城师大中文系讲师，二十八岁。
> 豺　狼——李国平，丹城中医院药剂师，二十五岁。
> 花　猫——朱普，丹城经济日报记者，二十四岁。
> 黑　猫——殷荣，中保公司职员，三十岁。
> 黑　豹——龚继平，丹城顺达集团职工，摇滚歌手，二十二岁。
> 大白鲨——董晓，丹城旅游管理处副处长（唐燕的丈夫），三十二岁。

这一天，那个躲在暗中的男人在信中这样写道："我最近读了一本书，里面写了一个叫珍珍的女人，面容姣好，是一个火车站的检票员，有一天，她在检票的时候和一个粗野蛮横的外地人发生了激烈的争吵,结果那个外地人索性不上火车,掉头走开了。当天晚上她下班以后,那个男人在离她家不远的地方劫持了她,逼着她去了一个僻静的地方,然后强奸了她。"在这封写给吴越的信中,那个躲在暗处的男人接着说,"按道理,那个叫珍珍的检票员应该感到非常屈辱,可是就在她带着巨大的眩晕倒在地上而对方进入她身体以后的一个极其微妙的瞬间,她竟然有一种迎接什么的感觉,一丝强制的若有若无的快感在很远的地方微微颤动,如果有一天你碰到这种情况,你会像珍珍一样吗?"

可以把这封信看作是一种大胆的暗示。也许那个一直躲在暗处的男人是在为他即将开始的行动作铺垫了,或许某一个夜晚,当吴越一个人出来的时候,她就会被这样一个男人挟持,然后像那个粗野蛮横的男人一样,在一个没有人的地方强奸她。在信的结尾,那个男人邪恶地建议吴越在工作的空隙,闭上眼睛,把自己当成是那个夜晚的珍珍,看看是不是真的会有一种迎接什么的感觉。

有时候,那个不停地给吴越写信的男人更像是一个会念咒语的巫师,在他的暗示下,吴越后来学会了在工作的空隙,真的去设想当时珍珍所面临的处境,并且真实地体会到了那种迎接什么的感觉,尤其是在汪楚铭外出采访时,吴越就会在夜里一个人躺在床上,认真地想象珍珍遭到那位粗野蛮横的男人强奸的情景。在这样的想象中,吴越往往会用自己代替珍珍,这样她就会在这种想象中感受到了信中所说的那样,有一丝若有若无的快感在很远的地方微微颤动。最初,那种想象中的快感在

孤　证

吴越的心底仅只是一点火星,可是到了后来,当吴越丰富了她的想象之后,即使是在工作的空隙,只要想到遭人强奸的情景,那一点若有若无的火星就会变成一束火苗,甜蜜地舔在吴越的心上。到这个时候,吴越吃惊地发现,那个男人的来信,已经让她在心理上背叛了汪楚铭。

接下来的肉体背叛看来就在所难免了。

四

当吴越冷静下来,发现自己骨子里对丈夫以外的男人也充满着期待之后,她并没有因此而原谅汪楚铭。相反,她现在越发怀疑汪楚铭和那个叫小杏的女人有过不止一次的肉体接触,并且为此感到深深的痛苦。当然,现在吴越弄不明白的是,自己的这种痛苦是基于对汪楚铭的爱还是对情感的一种独占。

有时,吴越会通过那个男人神秘的来信看清楚自己,她发现,那个男人似乎是有一种窥破她心灵隐秘的能力。现在,让我们来看一看吴越最近收到的一封信,信中这样说:

> 今天我要对你讲的这个故事发生在一九九〇年,那时我在复旦大学进修。有一天我突然强烈地感受到,我留在丹城的妻子在偷人,这事让我非常的痛苦,我甚至决定在进修结束以后不回丹城了,后来我把写作班的胡性能约到了"银座"(复旦大学研究生院的一个酒吧),喝了很多的啤酒,并对他诉说了我的苦闷。

我之所以会产生那样的感受是因为在我离开丹城的时候，我曾对我的妻子说，我走了以后，如果你感到寂寞的话，你可以去跳舞。事实上我只是想通过这句话告诉她我希望她快乐，并不是真的愿意她去跳舞，可她竟然把我的这句话当了真，并在我离开丹城以后，频繁进入舞厅。接下来，胡性能把我的这种怀疑作为一个特殊的案例进行了分析。他告诉我，他所在的班级最近由吴立昌先生开设了一门课叫"精神分析与中西文学"，如果按照弗洛伊德的理论，那么偷人的不是我的妻子，而是我。我记得当时胡性能用手指着我说，你现在肯定正在和某个女人准备越轨，但是这样一来，你觉得心里对不起你的妻子，于是就在潜意识里虚构她和别人有染，以此来达到一种心理平衡。

在这里我不得不告诉你，胡性能分析得非常有道理，那个时候我正和研究生院的一位女生频频约会，她是一位非常可爱的姑娘，第二天，我同她的关系有了实质性的进展，在她的那间宿舍里，伴随着恐惧、紧张和不安，我把自己身体上最重要的东西交给了除妻子以外的另一个女人，那种感觉很美妙，可惜太短暂了。后来当我重新回到丹城，我终于明白，即使是最美满的婚姻，提供给彼此的也只能是亲情。美国作家托马斯·沃尔夫是一位短命的天才，他曾写过一篇优美而又十分残酷的小说《远与近》，只有两三千字，却解决了人类情感史上的一个哲学命题，那就是所谓的爱情，只停留在距离之中。这里我用了"停留"一词，旨在强调随着距离的消失，那种让人怦然心动的感受也消失了。

孤　证

　　也许,你现在已经过上了那种心如止水的家居生活,我知道,这样的生活会让生命中没有幻想,没有好奇,有的只是责任和义务,因此在你的一生中,你应该同无数的陌生人交谈,并由此眺望不同的人生风景,如果你愿意的话,那么我就可以是你翻越丈夫这座山头以后,所见到的最为美丽的景致。

　　从汪楚铭出差的前夜不留神叫了一声小杏到现在,已经过去半年了。这半年,吴越一直拒绝在汪楚铭出差的前夜和他过性生活,当然,这也是吴越对丈夫的一种暗示,意思是我已经知道你同小杏的关系了,我等待着你的解释。

　　但是汪楚铭对"站在围墙上"的吴越的暗示置若罔闻,他的沉默最终推了吴越一把,现在让我们来看一看吴越红杏出墙那天的情景。

　　这一天和往常不一样的是,吴越在收到那个男人的来信时,还收到了一个小小的包裹,和来信相比,吴越对男人第一次寄来的包裹更感兴趣。当吴越打开包裹以后,她从里面发现了一个布制的头套——一只做成白兔的面具。而在信中,那个男人这样说:"我期待这个夜晚已经很久了,不知你是不是像我一样,也在期待着这样一个浪漫、温情而又激情澎湃的夜晚……我在丹城大酒店开了一个房间,房间号是502,今天夜里,我将在那里等待着你的到来……我之所以寄了一个头套给你,是因为我觉得以这样的一种方式见面最好,我们在黑暗中,谁也不认识谁,这种陌生会让我们在今晚充满着激情,同时心理上不会有太大的负担。"

在信的结尾,那个男人说:"你在来之前,最好先洗一个澡,我喜欢干净的女人。"至此,那个男人完成了他的铺路工作。这里我们要做一个假设,如果你同吴越一样,是一个年轻而且模样还不错的少妇,在面临吴越这种处境时你会怎么办?回答肯定有许多种。

现在让我们再次把注意力放在吴越的身上。我们发现,这天上午,当吴越收到包裹并读完了那封来信之后,她停止了工作,并且找了一个借口向科主任请了假,看得出来,吴越的脑子里非常的混乱,事实上,在那个男人魔杖的引领下,吴越已经身不由己,接下去,她开始为今晚的约会做准备。

五

水从上面流了下来,在胸口上形成了一个扇面,吴越用双手托着她那两只饱满的乳房,想象着一个陌生男人的手从上面滑过。从吴越走入卫生间开始清洗自己起,发生在这天晚上的一切都无法避免了。

中午的时候,吴越回到了她和汪楚铭的家,慵倦地斜靠在沙发上。汪楚铭中午的时候一般不会回来,在空空荡荡的屋子里,吴越一个人想,也许在今天晚上以后,她就不会为想起小杏这个名字而感到痛苦了。这一天下午,吴越静静地回想了她和汪楚铭的爱情生活,她想起了几年以前汪楚铭在南部地州记者站工作的时候,每次她乘坐的火车在那块长满香蕉和甘蔗的土地上穿行时，她都能闻到空气中传来一股甜甜的气息。对于吴越来说，那是爱情的味道，现在想起来，那是多么温暖的日子。

两年前，汪楚铭从南部记者站调回丹城来，这样，吴越和他结了婚，过上了安稳的家居生活。对于这一切，丹城医院的牙科医生吴越感到很满足，如果不是丈夫在那天夜里叫出了小杏的名字，那么她就不会和顾洁去参加那个家庭 party，自然也就不可能收到那个男人寄来的信，应该说，是这些来信改变了吴越，让她发现自己的骨子里同样也隐藏着可怕的激情，隐藏着她性格中自甘沉沦的那一面。

在这个世界上，有许多人在看清自己性格的另一面后，常常无力改变它。

这一天，吴越在洗完澡以后做了一顿丰盛的晚餐，在汪楚铭回来之前，吴越看着那一桌子的菜有几次难过得要哭，她觉得自己即将开始的背叛完全是汪楚铭逼出来的。从这一个细节我们可以看到，吴越对她的婚姻还是比较珍惜的。

汪楚铭这天一早就回来了，他告诉吴越说，他明天要到成都去出差。如果是在半年前，吴越就会把他的这句话当成是做爱的信号，那样的话，她就会去洗干净身体，并且配合着汪楚铭营造一个好心情。看得出来，汪楚铭这天回来看见吴越已经做好了晚餐显得很高兴，两人吃饭的时候，他就讲述今天在社里听见的新闻，其间还夹带着一个黄色笑话。汪楚铭说：这个笑话说的是一个领导去嫖娼，事完以后发现钱没带够，于是写了一张欠条给小姐，大意是欠这位小姐五百元的"房租费"。第二天，这位小姐带着欠条来找领导，接待她的是领导的秘书，他不明就里，把这张欠条递给了领导，此时的领导想赖账了，就提笔在这欠条上批了三条意见："基于以下原因，所以暂不付房钱。（1）房子太空旷；（2）房子太潮湿；（3）房子太脏。"秘书拿着这张欠条出来对小姐说，我们领导批示了三条意见，房钱不能付给你。这位小姐看了领导的批示以后，也提笔写了三点意见交给了秘书，请他转交给领导，小姐是这样写的："房子太空旷是因为你的家具太小；房间太潮湿是因为上一位顾客的水龙头没有关好；至于说房间太脏，是由于上一位顾客刚走，我还没来得及打扫，你就住进来了。"汪楚铭说，这样一来，那位小姐就如愿得到了那五百元钱。

两人吃完饭以后，在吴越收拾碗筷的时候，她注意到了汪楚铭在卫生间里漱了口，这同样是一种信息，它让吴越想起了半年前那个让她感到委屈的夜晚，因此她打定主意决不让汪楚铭得逞。于是当汪楚铭在她洗完碗筷之后抱住她时，她声音很低然而又是不容反驳地说，"今天晚上我值夜班！"

"你牙科医生值什么夜班？"

"我们牙科现在归到口腔科，"吴越说，"这样一来，我一个月要轮到一次夜班。"

"那我们现在就来！"汪楚铭说。

"还是等你出差回来吧！"吴越说，"何况现在我根本没心情。"

看得出来，汪楚铭对吴越的表现非常失望，他松开了手，从茶几上拿起了遥控器，开始观看今天晚上的电视节目。

六

这是丹城大酒店502号房间。吴越走到房间前，发现房间虚掩着，她悄悄地推门进去，随即转身把房门关上，像夜晚的一只母猫。之后吴越站在那里，她从怀里掏出那个面具戴在头上，如果我们此刻处在她的那个位置，就会看到一个戴着狮子面具的人站在窗子边。两个人没有任何交谈，片刻之后，狮子走到了床头打开了音响的开关，那首名叫《人狼恋》的曲子很快就在房间里弥漫开来。

等待是让人紧张的，它让屋子里面的空气一下子凝固了。有好几次，吴越差点拉开门从这间屋子逃跑掉，可是她的脚非常沉重，仿佛黑暗中有一种力量按住了她的肩头，当她看到那头狮子在那如泣如诉的音乐声中朝她走近时，吴越的呼吸一下子变粗了，就在那头狮子弯下腰去把她抱起来的那一瞬间，吴越顺从地闭上了双眼，她感到了一阵从未有过的晕眩，这是她以前和汪楚铭做爱之前从未有过的。

在唐燕组织的那次家庭party上，我们并没有发现一个戴着狮子面具的人，这样一来，吴越根本就猜不到他是谁。

房间里的席梦思床垫显得非常柔软，伴随着晕眩吴越感到自己的身体在深深地塌陷，仿佛是坠落进无边无际的温柔的海洋。现在，那头狮子在床边跪了下来，他小心地脱掉了吴越脚上的鞋子和袜子，然后把他的脸轻轻地贴在了吴越的脚上。狮子在做这事的时候，细腻、从容、充满了万端柔情，那情景，仿佛是在亲吻一个熟睡中的婴儿。

躺在床上的吴越表面上一动不动，可是她的身体却明显紧张起来，很快，她仿佛看见了中学时代读过的那所学校，在春天，操场里面的梨树开满了洁白的梨花，在傍晚那柔和的天光下，汪楚铭正穿过跑道向她走来，接着，他在她身边蹲了下来，解开了她脚上的鞋带，然后把她的双脚抱在了怀里。在这里，我们不难发现，吴越之所以产生这样的幻觉，是和这头狮子寄给她的那封信有关。此刻，狮子灵巧的舌头正带给吴越一阵阵暖流，让她内心充满了感动，不，是感激。在这样的感激中，这半年郁积在心中的坚冰正在化解。

现在屋子里弥漫着的是因电影《北非谍影》而成名的歌曲《卡萨布兰卡》，我们注意到，吴越的衣服已经被那头狮子一点点脱了下来，最后赤裸着躺在了床上。在这个过程中，吴越没有丝毫的抗拒，但是她将两只手臂交叉着抱在胸前，仿佛在暗示着自己最后的矜持。接下去，音乐的旋律开始变得明快，与之相配合的是狮子的那双手变得热烈起来，它就像是春天从远处吹过来的阵阵暖流不停地抚摸着身下的大地；又像是一个杰出的钢琴家正在抚摸着自己热爱的琴键。后来，当那头狮子也完全赤裸的时候，吴越突然打开了身体，她的那两只手臂一下子把她身上的那头强壮的狮子抱进了怀里。的确像信中所说的那样，这是一个激情四溢的夜晚，面对着身上这个陌生的男人，吴越尽情地释放着她的本能，这个时候，她觉得自己就像是一座要喷发岩浆的火山，可以把一切东西熔化。

接下去，屋子里响起了电影《壮志凌云》的主题曲《带走我的呼吸》，这是一首雄壮的乐曲，吴越在参加唐燕组织的家庭

party 时听到过，现在身上的这个男人正按乐曲的节奏运动着。吴越幸福地闭着双眼，可是她却非常清晰地看见，唐燕家的那台 34 英寸的大屏幕彩电上，一架 F16 战斗机正在带着巨大的轰鸣滑过跑道。吴越快乐地呻吟着，颤抖着，她感觉到当那架战斗机收起起落架直插云霄时，她的灵魂也跟着上了天国，被一片红光普照着，也就是在这个时候，吴越清晰地听见她身上那只驾驶着战机的狮子叫了起来，啊，小杏！

来　苏

关于李琪是怎样自杀的，由于没有具体的目击者，一切都只能靠猜测。

后来据住在楼下的王燕说，出事的那天早晨，李琪的父亲很早就起床了，由于要参加县里组织的三干会议，并且要讲话（他是分管农业的县委副书记），因此他想修修面，把胡子刮了，可是在卫生间，李琪的父亲怎么也没有找到刮胡刀。之后他回到了卧室、客厅、阳台，但仍然没有发现刮胡刀的踪影，剩下的只有李琪的卧室了，而且他看见里面亮着灯，于是就敲响了门。

接下去的事情是，李琪的父亲敲了一阵门，并且喊着李琪的名字，在没有任何反应的情况下，他果断地折回卧室取出了备用的钥匙，打开了李琪的房门。王燕说，李琪的父亲打开门以后，一眼就看见了床头柜上放着的刮胡刀，他就明白李琪出事了。

紧接着就是把李琪送往医院。李琪父亲的叫声惊动了楼上楼下的许多人，很快，李琪的房间挤满了人，一阵慌乱过后，人

孤　证

们把李琪从浸泡着血液的被窝（她用刀片割开了手腕上的血管）里剥离出来，并且协助李琪的父亲把她抱到了楼下。在那里，他们迎面碰上了从县医院急驰而来的救护车（在发现出事以后，县委副书记立即给县医院打了电话）。

李琪自杀的这天夜里，丹城下了这年入冬以来的第一场大雪。纷纷扬扬的雪花从天而降，人们站在雪地里目送着救护车的远去，另外也还有不少的人滞留在李琪的房间里，仿佛在等待着某一种结果。由于自杀，李琪一下子成为人们谈论的中心。这一年，李琪只有十六岁，是丹城一中高二的学生。在那间弥漫着血腥味的屋子里，有人认为李琪的自杀是因为遗传。对于四年前李琪的母亲从县城郊外的大桥上跳下去的情景，县委家属大院里的人还记忆犹新。

值得一提的是，有人在李琪的床上发现了一件弥漫着来苏水味的白大褂。在大褂的衣领上，贴着一块写有"蒋一"二字的胶布，站在屋子里的王燕叫了一声，她说李琪出事一定是和蒋一有关。这个丹城人民医院的护士说，当初她要是不把蒋一带来给李副书记看病，那就不会发生今天早上的事情。王燕说的李副书记就是李琪的父亲，他患有严重的胃病，曾经在家里接受过蒋一的治疗，不过那已经是两年前的事情了。

这个冬天的早晨，在刘红家里蒙头大睡的蒋一不知道外面发生的事情，由于他的白大褂出现在所谓的"现场"，有关蒋一的情况（包括私生活）就在人们的要求下从王燕的嘴里源源不断地流淌出来。

蒋一是丹城人民医院的内科医生，治胃病是他的专长。两年前，在丹城中学教书的妻子和他离婚了，至于为什么离婚，至今都是个谜。据王燕说，蒋一是因为在外面有了"粉子"，才和中学老师离婚的。不过这一说法基本上站不住脚，因为首先提出离婚的是中学老师而不是蒋一，这就说明，王燕是带着一种成见来评判蒋一的。然而有一点反映的是事实，蒋一在离婚以后不久，电话突然多了起来，而且大多数是女人打来的电话，每当这种时候，王燕（她和蒋一同在内科）就会隔着玻璃窗看见蒋一在墙角低着头对着话筒倾诉，很快，蒋一又会回到他上班的地方，若无其事地坐上一阵，然后找个借口离开。

用王燕的话说，蒋一简直就是一条潜伏在丹城人民医院里的狼，而且不是一般的狼，是色狼。然而内科的其他人说，蒋一虽然喜欢拈花惹草，但还是恪守"兔子不吃窝边草"这一原则，甚至在医院的那些小护士面前，蒋一还表现得相当矜持，蒋一动脑筋的，只是那些年轻的女患者，而且这种爱好也是在蒋一离了婚以后才发展起来的。这一天，由于现场那件弥漫着来苏水味的白大褂，警方在医院全力抢救李琪的同时，着手对蒋一进行调查。

三个月前的一天早晨，蒋一刚从刘红那里回来，一夜的放纵让他疲惫不堪，可是他刚刚躺下，就听见有人小声地敲门。蒋一打开门一看，外面站着一个十六七岁的姑娘，还没等蒋一来得及询问，她就从书包里掏出一封信递了过来。一开始，蒋一把她当成收发室老王的女儿，他把信往书桌上一扔，爬上了床，等他下午醒过来，把信打开一看，才发现事情有点不对。原来

孤　证

信封里装的是一位中学生写给蒋一的情书，蒋一开始的时候并没有认真，他在社会上有几个朋友，彼此之间常常恶作剧。蒋一还记得，有一次，他模仿一个女人的笔迹给其中一个朋友写过一封热情洋溢的情书，结果那人按照信中约定的地点在那地方憨等了几个小时，此事后来成为那人捏在朋友手中的把柄一再遭到嘲笑，蒋一不准备上这个当。因此当她在信中说，两年前蒋一医生到她家里去给她父亲治病时，她就深深爱上了蒋一医生，蒋一就笑了起来。蒋一后来弯腰从书桌上把镜子拿过来对着自己照了照，他在镜子中看到的是一张睡眼惺忪的脸。这样一张脸还能迷住中学生？蒋一觉得鬼都不会相信，不过他还是在读完信之后盘腿坐在床上，想自己两年前都出诊过些什么人家，后来蒋一又回忆今早送信来的那个姑娘，但蒋一怎么也想不起她的样子来了。

　　然而，基于一种说不清的原因，蒋一在下午开始收拾他的屋子，他把多年不弹的吉他从书架上取了下来，挂在了房间里最为显眼的地方，然后他在一个土陶罐里插满了秋天的菊花。镜子中的那张睡眼惺忪的脸让他有些痛恨自己的生活，他就像从前初恋的时候一样，开始为一个想象中的姑娘收拾起自己的屋子来。和当年一样，蒋一力图把自己的宿舍处理得有内涵一些，为此他还从书架上翻出了几本深奥的哲学书散乱地丢在书桌上和床上，一切就绪之后他在自己门上的留言袋里插上一枝黄色的"懒梳妆"。在他的记忆中，这是他过去的妻子最喜欢的花，蒋一记得她第一次来他的屋子时，就曾带来一枝黄色的"懒梳妆"，并且把它插在了留言袋里。蒋一后来坐在收拾干净的屋子里想，要是那个已经和他离异了的女人今晚敲门进来，那他就会同意与她复婚，并且原谅她的过失。

李琪是天黑的时候敲门进来的。蒋一打开门的时候着实吃了一惊，他说早上送信来的就是你吗？

李琪点了点头，明亮的眼睛望着蒋一，骄傲地扬着头。

蒋一把李琪让进了屋子，离婚以后的这两年，蒋一和不止一个女人有过实质性的往来，他知道用什么样的办法对付什么样的女人，可是面对眼前这个只有十六岁的姑娘，蒋一却不知怎么办才好。他以前积累起来的那些对付成年女人的经验现在都没有了用处，他现在想弄明白的是，上午那封信是不是眼前这个姑娘写的，如果是，蒋一想知道自己究竟什么地方打动了她。

"怎么看你还像个学生？"蒋一给李琪倒了杯水后问她。

"本来就还是学生！"李琪说。

"在哪个中学读书？"

"丹城一中。"

"那你一定认识杜小彬吧？"

"认识！"李琪点了点头，"我还知道她以前是你的妻子。"

"那你还给我写那种信？"蒋一假装严肃地说。

"你不高兴？"

蒋一摇了摇头，他说："能收到这种信，证明我还年轻。"

这天晚上，蒋一没有费多大的力气就消除了他和李琪之间由年龄差距带来的距离。他的办法是同李琪谈起了流行音乐，蒋一知道，现在的小姑娘多半是追星族，他以前为对付其他女人而准备的流行音乐知识这时候派上了用场。那把挂在墙上的吉

孤　证

他这时也有了用武之地，蒋一弹了几首古典曲，又用它伴奏了《流浪歌手的情人》和《青春》。

蒋一本来还想继续弹下去，他知道对付李琪这种小姑娘千万不能着急，再者他也清楚李琪这种年龄，爱谁就会爱得死心塌地，不顾后果，因此蒋一也有些顾虑，他不想这件事给自己带来太多的麻烦。再说如果要解决生理需要，蒋一更愿意找那些想红杏出墙的已婚女人，那种事安全又不负任何责任，可是李琪突然打断了蒋一的弹奏，李琪说："蒋医生，我不想听你弹吉他，我只想看你穿白大褂的样子。"

"为什么？"蒋一把吉他放下，他突然想起了姑娘在信中说自己曾给他父亲治过病，就问："你的父亲叫什么？""李军！"李琪说。蒋一突然就想起来了，两年前，同科的护士王燕曾请他去给县委副书记李军治过胃病，但是对于李琪，蒋一没有任何印象。

屋子里由于只开了一盏散发着橘黄色灯光的台灯，色调特别的暖，蒋一一边穿白大褂一边问李琪："你是不是那一次就爱上了我？"

"蒋医生穿上白大褂特别的帅，"李琪说，"而且，蒋医生身上有股气味特别好闻。"

蒋一听了以后夸张地把头埋进衣领里，"我怎么闻不到？"他说。

蒋一后来到刘红那里去的时候，两人做完爱，蒋一总要刘红闻一闻他身上是不是有股味特别好闻，刘红把鼻子贴在蒋一的胸口上说，除了汗臭味，什么也闻不到。

来　苏

那天晚上李琪在蒋一的房间里并没有停留太长的时间，蒋一自然也显得彬彬有礼，那种情形有点像一个老师面对一个向他表达爱情的女学生，蒋一当然也在交谈中强调了李琪这样的年纪只应一门心思搞学习，但是一想到自己初中的时候就给女生递纸条，蒋一就觉得自己很虚伪。

李琪是在九点钟离开蒋一宿舍的，这样她回到家里的时间与往常下晚自习的时间差不多。从那天晚上开始，李琪几乎每天都会来蒋一的宿舍，但每次的时间都不长，有时是十分钟，有时只有五分钟，有时干脆只是跑进来站在宿舍中间闭上眼睛深呼吸两口，然后一脸满足又跑了，这就让蒋一根本没有时间在李琪面前展露他对付女人的才华。相反，李琪给人的感觉更像是一个久经情场磨砺的小狐狸，机智、聪慧，让自以为是的猎手无计可施。

蒋一后来决定从王燕身上打开缺口。王燕是一个饶舌的小妇人，她就住在李琪家的楼下，她的丈夫是县政府的一个局长，她时常为自己能够透露一些县委大院的秘密感到很骄傲，因此在一次胃切除手术之后，蒋一非常巧妙地同王燕谈起了李琪的父亲李军。蒋一说："现在患胃病的人很多都是政府机关的人，不是有人说科长三五年，吃喝不要钱，要想当局长，把胃献给党？""放屁！"王燕笑着说，"我家的那位当了好几年的局长，不照样胃口好？"蒋一说："你家那位现在还廉洁，可是你上次让我给他治病的那位副书记，不就患了胃病？"王燕说："你说的是李军呀，他离婚好些年了，生活没规律，当然得胃病了！"蒋一听了装作很吃惊，蒋一说："你说他离过婚？"王燕说：

孤 证

"四年前有个女人从城外的红桥上跳下去摔死了,她就是李军以前的妻子。"

这下蒋一倒是真正的吃惊了。四年前,蒋一还在急诊科,出事以后,他和另外三个同事曾到红桥下面去抢救过那女人,蒋一甚至还能回忆起当时的情景:女人躺在桥底的鹅卵石上,额头和脖子都不同程度地开了两个口子,由于失血太多,女人的脸上毫无血色,等蒋一和其他几个医生费劲地把她弄到停在桥上的救护车里,她就断了气。那时蒋一和杜小彬刚结婚不久,俩人经常在晚饭后散步到郊外。在红桥上,蒋一常常会看见一个十二三岁的小姑娘坐在桥下那女人摔死的地方,蒋一就会对杜小彬讲起那个女人自杀的事情。记得有一次,当他们再次从红桥上走过时,杜小彬问蒋一还记不记得那个坐在桥下的小姑娘,杜小彬说,那个姑娘她后来教过,叫李琪。

这都是四年前的事情了,当时沉浸在新婚快乐中的蒋一是无论如何也想不到有一天那个坐在桥下的小姑娘会闯入他的生活,然而让他更为困惑的是这个叫李琪的小姑娘究竟是因为什么而爱上了他。蒋一清楚,他在外表上是不足以让女人一见钟情的,他的长处是隐藏在一副平庸躯壳下的机智、幽默以及在床上伺候女人的出色本领。蒋一还清楚,他的这些所谓的长处一旦被女人熟视无睹后,他在女人的眼里就会成为一个乏味的男人,杜小彬就是个证明。

丹城的雨季很快就到来了,即便是在大雨滂沱的夜晚,李琪也会在下晚自习之后,绕道来人民医院在蒋一的宿舍待上一会儿,每次进来,蒋一发现她都很快乐。在蒋一的宿舍里,有一把患者送给他的竹制小椅子，李琪进来以后，就坐在那上面，微笑着，像那些情窦初开的少女一样，脸上洋溢着青春的光泽。有一天，李琪下晚自习进来，那时候蒋一刚刚值班回来，身上还穿着白大褂，李琪站在屋子中一动不动望着蒋一，片刻之后，她把书包放在桌子上叫了一声蒋医生，蒋一感觉得到，李琪一定是碰到了什么让她特别高兴的事，后来她上来用手坠住了蒋一的脖子，李琪说："蒋医生，我爸爸出差去了！"

这天晚上，李琪没有像往常那样站上一小会儿就急急忙忙往家里跑，她抱住蒋一，把头靠在蒋一的肩头上，像见到久别的情人一样，非常陶醉。蒋一发现李琪的身体在颤动，以为是雨天她冷了，就伸出手去抱住了她，这样，她的乳房就结实地抵在蒋一的胸口上，蒋一发现他怀中的这个姑娘已经发育成熟了，心一下就乱了。有一阵，蒋一感到自己的身上涌出一股难以抑制的冲动，他的双手不知不觉用了力，直到李琪小声叫了出来。

蒋一拥抱着李琪从屋子的中央走到了墙角的一对矮沙发上，在那里，他从一个木箱里拿出了一只电炉插上电源，开始为今天晚上征服怀中这个姑娘做准备。他现在要做的第一步就是让李琪打消回家的念头，于是蒋一就把嘴凑在李琪的耳朵边说："我讲个故事给你听好不好？"

"讲个医生的！"李琪说。

"好，就讲个医生的。"蒋一怀抱着李琪坐在沙发上，开始讲述一个耸人听闻的故事。

窗子外面，秋天的雨正在下着。蒋一说："我们医院的陈医生，从前在乡下卫生院，有一年春天，他到城里来，还没走到

孤　证

县城天就黑了,陈医生那晚就住在了离县城还有二十里的一户人家里,恰巧那户人家刚死了人,装死人的棺材就放在陈医生住的那间屋子。夜里,陈医生突然醒了,他看见棺材盖慢慢地开了,一个浑身长满绿毛的人从里面爬了出来,站在他的床边对着他吹气,陈医生当时感到那气吹到身上就像下雪一样的冷,可是他不敢动,等那绿毛人回到棺材里以后,陈医生悄悄地爬起来,套上裤子就往外跑,可是当他刚刚打开门,棺材里面的那个绿毛人就追了出来……"

在蒋一讲故事的时候,李琪闭着眼睛依偎在他的怀里。蒋一讲着就停了下来,蒋一原来想,只要讲一个恐怖的故事,让李琪听了不敢回家去,那他今天晚上一定能够创造机会深入到怀里这个姑娘的身体里面去,和她热烈地做爱,可是蒋一发现他讲的这个故事丝毫也没有打动李琪,就问"小李琪,我讲的这个故事你怕不怕?"

李琪睁开眼睛,一脸的茫然,她突然不好意思地笑了笑,"蒋医生,"李琪说,"我刚才没听你说故事。"

"那你在干什么?"蒋一不解地问。

"我在闻你身上的味道,"李琪缩了一下身子,仿佛怕冷似的,整个人钻进了蒋一的怀里,"我妈以前也是医生呢,她的身上就有你的这股味道,可惜她死了。"李琪小声地说。

蒋一苦笑了一下,他发现自己今天晚上苦心经营的陷阱被怀中这个姑娘一不小心让开了,结果掉进去的反而是自己。这时候,李琪把身子坐正了,她说:"蒋医生,你身上的这股好闻的味究竟是什么味?"

来　苏

"来苏味！"蒋一说。他不知为什么就想起了四年前和杜小彬在郊外红桥上看见那个小姑娘坐在桥底的情景，她就是今天自己怀里的李琪？外面的雨声传了进来，蒋一觉得身上有些发冷，他紧紧地拥抱着李琪坐在电炉边。火光的映照下，李琪脸上的皮肤嫩得几乎透明，甚至那下面的血管也隐约可见。从身后望过去，李琪的发丝弥漫着朦朦胧胧的光泽，蒋一望着望着，心里充满了怜爱，他将头轻轻地靠在李琪的颈窝，怀里这个瓷器一样的姑娘身上透出一股甜甜的处女气息。她一点也不设防，安静得就像一只受伤的鸟一样，有好几次，蒋一拥抱着李琪的手开始寻找姑娘衣服的下摆，可是当李琪扬起头来望着他的时候，那羔羊一样的眼神让蒋一先前泛起来的冲动悄然隐退，后来蒋一就像兄长一样抱着李琪，听她讲述她童年的事情。

自从有过在蒋一的住处留宿的经历以后，每当她的父亲去外地出差，李琪就会住到蒋一的宿舍来，为此蒋一专门替自己铺了地铺，有时，李琪会在夜里突然钻进蒋一的被窝，像一只乖巧的猫，柔软而温暖。但是蒋一清楚，李琪钻进自己的被窝里来并非是情窦初开时的以身相许，她只是想钻进来闻一闻自己从医院带回来的那满身的来苏水味，蒋一知道那是李琪记忆中的母亲身上的气息，蒋一当时就意识到那淡淡的甚至有点刺鼻的来苏水味最终会影响李琪的一生。

蒋一后来也知道，李琪与其说是爱上了他，不如说是从他身上感受到了母亲的气息，不过对于蒋一来说，他仍然希望不时能见到李琪，那样他就会从她身上感受到一种有别于其他女人

孤　证

的清泉一样的情感。

　　蒋一后来曾经对李琪的母亲，也就是四年前从红桥上跳下去的那个女人做过一些调查，其中很多消息当然是来自于王燕。蒋一了解到，十年前，也就是在李琪六岁的时候，她的母亲和父亲离婚了，至于为什么会离婚，王燕也说不清楚。蒋一还了解到，李琪的母亲当时是江边一座小镇卫生院的医生。在蒋一的那间宿舍里，李琪也曾经对他说过六岁以前，她一直跟随着她的母亲在江边的一所医院里。

　　蒋一知道，那个后来自杀了的女人身上的来苏水味曾伴随着李琪度过了她生命最初的六个年头。在他们离婚以后，李琪被判给了父亲，这样李琪就从那座小镇来到了丹城，由于再也闻不到那股来苏味，原本活泼的李琪逐渐变得沉默起来。

　　在李琪十二岁那年，她最后一次见到了她的母亲，那时李琪刚刚进初中，有一次，她生了重病，她的母亲从小镇上的医院赶来看她，大约是走得非常匆忙，李琪的母亲身上还穿着工作用的白大褂，那上面弥漫着的来苏水味一下浸到了李琪的心里，使她觉得像是又回到了小镇上的那所医院。对于那次的情景，李琪后来曾对蒋一有过详细的描述，李琪说："我妈给我带来了江边才出的水果，还有两件花布衣服，我闻到她身上的那股味儿，病像是一下就松了。"

　　那一天的事情是，李军下班回来，在李琪的屋子里发现了他的前妻，他们一见面就开始争吵，地点由李琪的屋子转移到了李军的卧室，甚至后面还动起手来，李琪听见她的父亲抽打着她的母亲，而她的母亲则不停地咒骂。在他们的打斗过程中，李琪不停地用头撞床，很多年以后，李琪用手指着额头的疤痕对蒋一说："蒋医生，这就是那次留下的。"

那次打斗之后，李琪就再也没有见到她的母亲。当天早上，李琪就被送往医院，她是在出院以后才听人说，她的母亲第二天一早返回江边的时候，从红桥那里跳了下去。在母亲死后的最初日子，李琪喜欢下午放学后去红桥，坐在母亲摔死的那个地方，李琪仿佛能够捕捉到空气中若隐若现的母亲身上的那股气味。

两年前的一天下午，李琪放学回家时，突然闻到了母亲身上的那股熟悉的气息，那久违了的气味虽不强烈，却带给了李琪一种巨大的幸福。那一瞬间，在李琪记忆里变得模糊的母亲突然清晰起来，但是在父亲的卧室里，李琪见到的并不是母亲，而是蒋一医生，李琪敏锐地发现正在给她父亲治病的医生身上散发出一股让她心醉的气味，那是母亲身上的气味，从那个时候开始，蒋一就以身上散发出来的来苏水味吸引了李琪。

在出事的前几天，李琪曾在一个下午来过蒋一的宿舍，那时蒋一正准备去上班。李琪对蒋一说："王燕不知道对我爸说了什么，我爸不准我来医院了！"蒋一当时没有想到后来会出事，他在出门的时候伸出手来摸了摸李琪的头发，蒋一说："那就等你爸出差以后再来。"李琪当时的回答是："如果我爸不准我来那我就割血管，他就会亲自把我送进医院来！"

蒋一当时没有把这句话当真。

晚上蒋一下班回来，发现他的白大褂被李琪带走了。

孤　证

　　出事的那天早晨,李琪被送进医院以后一直昏迷,那时蒋一还睡在刘红的宿舍,他对李琪自杀的事一无所知。下午的时候,李琪曾有过短暂的苏醒,她侧头望着窗外,雪已经停了,但大地白茫茫的一片。在弥漫着来苏水味的医院,守护在病床前的医生听见李琪疲惫地说:"蒋医生,我刚才看见我妈了!"然后她带着满足的神情闭上了眼睛。

母亲的爱情

苏医生已经有三十多年没有去过闸北了。

过去,每当单位组织活动到闸北(那里有个风景如画的水库),她都会找个理由拒绝。有一些地方,只能是一个人独自去,不适合集体去,就像闸北对于苏医生。很多年来,那个地方就像是苏医生的隐疾一样,她不但不去,也不会提及。

当然,独处的时候,苏医生偶尔也会想起那个地方来,想起阳光下清冽的一塘水,以及她充满梦想与等候的青春的时光。每当这个时候,苏医生的内心往往会随着记忆的延伸体会到难以言述的温暖、伤心和痛楚,有时她还会默默地流一会儿泪。

这是苏医生内心的秘密,很少有人知道。

这天,苏医生一大早就把儿子陈阳从床上叫起来:你陪我去趟闸北!

从睡梦中醒过来的陈阳一脸的惊愕:闸北?看得出来,他对母亲在初春这个寒冷的早晨,让他陪着去城北十公里以外的小镇闸北感到困惑,更让他想不通的是,母亲拒绝坐车,而是执

孤　证

意要步行去，尽管他打心里不情愿，但是，当看到母亲脸上不容分说的表情时，他知道无论自己怎样阻止，也改变不了母亲的主意。多年的相处，儿子对母亲苏医生的性格了如指掌。

陈阳最近一段时间与母亲住在一起，他是与第三任妻子解除婚约以后，净身出户，才搬回母亲家的。望着身旁母亲单薄的身子，陈阳知道母亲提出要到闸北，一定是有什么特别的原因。

尽管从地理位置上来看，丹城属于南方，但由于海拔的原因，三月以前，丹城早晚的气温仍然很低。苏医生记得自己第一次去闸北是在四十多年前，那时的丹城比现在小多了，房屋破旧而低矮。当时和苏医生一起去闸北的还有一个人，他就是苏医生后来的丈夫陈凯。陈凯不是丹城人，他的老家在湖北沙市，中学毕业以后考上了四川大学，然后在读大三时他碰上了苏医生。两人认识的时候，正值陈凯阑尾炎发作，在华西医科大学附属医院住院治疗，而苏医生恰好在那所医院实习。苏医生其实也只是大三的学生，不同的是她就读的学校是华西医科大学。从大三开始，每一个学期学校都会在附属医院开设实习课，陈凯碰巧就成了实习医生苏宁的患者。

从患者变成后来的恋人，这中间总会发生一些事情，现在，重新走在去闸北的路上，苏医生很自然就想起陈凯来。她记得一九五五年的冬天，有一次陈凯到医科大学来，苏医生见到他的时候，陈凯正用手捂着腹部，像当初刚做完阑尾手术时的样子。没想到两人走进学校小花园，陈凯看了看四面没人，变戏法一样从衣服下拿出一个饭盒，热的，铝制的饭盒上留着陈凯的体温。苏医生打开一看，里面竟然是她最喜欢吃的蒸肉，很显然，陈凯是用身体给饭盒保温，从川大一直走到了华西医科大学。这是生活中的一个小细节，尽管陈凯很快离苏医生而去，但这样的细节此后一直温暖着苏医生。就像现在，苏医生想到这一幕，突然满足地笑了。

如果当年陈凯不来丹城工作，那么他现在会是怎么样呢？从陈凯走掉以后，每当怀念起他来，苏医生总是会这样设想。有一段时间，苏医生竟然产生了幻觉，她觉得陈凯不是走掉了，而是回他湖北老家去了，但这样的幻觉总是在她想起闸北的时候破灭。苏医生常常自责，要不是因为自己，陈凯大学毕业以后，十有八九是回到他的故乡，但是在大四那年的寒假，陈凯对苏医生说，他想跟苏医生回老家，看看她从小生活的那座南方小城。苏医生先是不同意，后来在征得父母的同意之后，答应陈凯跟着她回丹城。苏医生还记得，从四川宜宾乘车前往丹城的时候，陈凯被窗外秀美的景色吸引住了，他后来在给苏医生的信中提到，自从见到苏医生，他就知道苏医生自小生活的那座小城，一定非常美丽。

也就是在跟随苏医生来到丹城以后，陈凯就动了大学毕业以后申请到丹城来工作的念头。他已经喜欢上丹城这座小城了，当然，这种喜欢更多的源自苏医生。别人是爱屋及乌，陈凯却因为苏医生爱上了丹城。那个时候，成昆铁路还没有修筑，丹城还是四川通往云南腹地的交通要冲，陈凯喜欢那里铺着青石的街道、冒着炊烟的瓦屋，尤其是城边一排排高大的白桦树，常常让他想起电影《早春二月》的情景。与自己从小生活的沙市比较，丹城有种让人心动的宁静，陈凯发现，苏医生脸上那种让自己着迷的表情，实际上就是丹城的表情。

所以，在从丹城返回成都的长途汽车上，陈凯对苏医生说："毕业以后，我申请分配到丹城去工作。"

"我才不要你去呢！"苏医生当时装作很冷漠的样子，内心里却充满了甜蜜。为了不让陈凯看见她脸上掩饰不住的笑意，苏医生甚至不得不将头扭朝窗外，看公路一旁田野里新长出的麦苗。同时，苏医生也发现，没有什么比陈凯大学毕业以后申请去丹城工作这句话更有力的爱情表白了！

几个月之后，陈凯从川大毕业，果真填了张申请表，主动要求分配去苏医生的故乡丹城工作。陈凯是将这一切做完之后，才告诉苏医生的。苏医生当时问道，你不后悔？不后悔，陈凯说，我是破釜沉舟。陈凯分配到丹城以后，因为医科大学要上5年学，苏医生还得在成都待上一年。那一年，苏医生几乎都是在附属医院实习，班上的不少学生都希望毕业了能够留在成都工作，只有苏医生目的明确，那就是回到丹城，嫁给陈凯。想着陈凯在遥远的故乡等着自己，苏医生最后一年的实习心无旁骛，过得非常踏实。

几十年没去闸北了，苏医生仍然认得路。但是如今在闸北与丹城之间，已经有了一条高等级公路连接，过去的公路，下放给了农村，路上奔跑着乡村的拖拉机、马车以及被人骑得飞快的载重自行车。苏医生对道路的选择，又一次让儿子陈阳疑惑。他对母亲说走新公路要近两公里，苏医生望了他一眼，不说话，只顾走,儿子没有办法,保镖一样走在她的身后。

苏医生喜欢这条去闸北的老路。几十年来,她一次次在回忆中走过这条道路,现在,她又在这条不时因拖拉机驶过卷起尘沙的公路上闻到了一股熟悉的味道,那是四十年前就进入记忆并被自己牢记的味道,是白杨树与郊区泥土混合的味道。唯一让苏医生感到遗憾的是,这条通往闸北的老公路不像当年那样干净了,路边常常能见到一堆又一堆从城里运来的垃圾,有一些肮脏的塑料袋不知道什么时候被大风卷到公路两旁的树枝上,如果没有人上去把它们摘下来,它们也许要在上面挂上一辈子。当年,苏医生与陈凯一起去闸北的时候,这条公路可以说是丹城四周最宽广的一条大道,林区的工人专门在公路两旁种植了白杨,加之汽车非常少,丹城许多人晚饭过后,会结伴沿着公路往闸北方向行走,直至天黑。

苏医生与陈凯再次去闸北的时候,陈凯已经是丹城师范学校的老师了。那是苏医生大学即将毕业前的那个寒假,她回丹城过春节,与陈凯再次结伴去了闸北。就在去闸北的路上,陈凯突然问苏医生,毕业以后,要是学校留你在成都工作,那你怎么办呢?苏医生记不清当时是怎样回答陈凯的了,但她记得在闸北的一家招待所里,她把自己的身体交给了陈凯。她觉得只有这种方式,才是最有力的承诺,就像当初陈凯义无反顾来到丹城一样。

是的,自己的第一次是在闸北,最后一次也是在闸北。苏医生回过头去望了儿子一眼,陈阳就是自己那次把身体交给陈凯的结果。因为身体已经开始发福,陈阳的身上已经很难再见

孤　证

到陈凯的影子了,这让苏医生对儿子多少有些失望。很多时候,她都在提醒陈阳要节食。肥胖容易诱发多种疾病,苏医生这样告诫儿子。实际上,她是希望陈阳能够在身材上像当年的陈凯那样,瘦削,然而有劲。

初春的早晨,无风,大地一片安详。苏医生想,此时跟在自己身后的儿子陈阳也许根本不会想到,自己当年在闸北把身体交给陈凯,对他来说意味着什么。提前一天或者推后一天,甚至陈凯当时角度的轻微变化,她的儿子都可能不会是眼前的这位陈阳。医科大学毕业并在丹城妇产科工作了几十年的苏医生,很清楚生命的起源包含的种种机缘。

现在,苏医生很自然地又想起她在闸北将身体交给陈凯的事来,那是苏医生返校的头一天,两人一大早去了闸北。他们先是在水库边游玩,后来在水库边的松林里,陈凯就有要求了。他一脸焦急地抱着苏医生,却又不知道怎样操作,相比起来,学医的苏医生尽管也是第一次经历这种事情,但比陈凯沉着多了。她告诉陈凯说,我们还是去镇上的招待所吧。那时正在修一条从闸北通往矿山的小阳铁路,外地来了不少的人,镇上为此还专门修了个招待所。当天,陈凯去招待所开房时没有引起任何人的警惕,他带有湖北味的普通话让服务员以为他是小阳铁路工程处的技术员,只是在登记证件的时候,陈凯交给人家的学生证引起了那人的怀疑,但那个时代的大学生实在是太少了,服务员一边用崇敬的眼光看着陈凯,相信了他所说的工作证因缺照片还没办理下来的鬼话。等到陈凯与苏医生做完了好事,前去退房的时候,服务员仿佛才明白过点什么来,但是由于找不到任何证据，所以只好有些遗憾地望着陈凯与苏医生结对离去。

那是苏医生的第一次，也是唯一的一次，苏医生记得很清楚。第一次经历这种事情，即使是经历了一百年，苏医生也会记住。

那一天，再从闸北返回丹城的时候，两人都觉得彼此之间有点不一样了，陈凯显得很兴奋，也很满足。生命翻开了新的一页，苏医生觉得还是应该有个什么仪式庆祝一下，否则太平淡了。当时，由于天气寒冷，到闸北的行人很少，苏医生趁有一段路没有行人，要陈凯背自己走。她的理由是，在丹城这个地方，娶亲的那天，姑爷是一定要把媳妇背回家的。陈凯说："我们还没结婚啦！"苏医生突然不肯走了，她装出生了气的样子背对着陈凯说："刚才在闸北的招待所里，你为什么不说我们没结婚呢？"

陈凯见苏医生像是真的生气了，忙向四周望了望，然后蹲了下来。

"趁现在没人看见！"陈凯说，"你还不赶快爬上背来？"

别看陈凯望上去显得有些瘦削，可还是很有劲呢！已经有些老态的苏医生突然笑了一下，她想起了当时自己一直赖在陈凯的背上不肯下来，还用嘴去吮吸陈凯的耳垂，弄得陈凯咧着嘴大叫。苏医生想，要是陈凯还活着，她一定要让他再背自己一次。只是当年人烟稀少的一段路，现在已有了不少建筑，再加上行人成倍地多了起来，即使是陈凯敢背，自己恐怕也会不好意思了。

孤 证

那一年寒假结束，苏医生独自返回成都以后不久，发现自己竟然有了身孕。这事如果被学校发现，是很可能把苏医生开除学籍的。其实当时在学校，已婚的学生并不少，但未婚先孕，是个道德问题，肯定要受处分。苏医生原本准备等分了工作，再悄悄将肚子里的孩子拿掉，但后来发生的一系列事情，让苏医生决定将孩子生下来。

苏医生大学毕业离开成都返回丹城之前，她给陈凯写去了一封信，告诉陈凯她已经向学校提出申请了，毕业以后分回丹城去工作。苏医生说，一旦手续办完，她立即就动身。在信中，苏医生没有提到她怀孕的事，她原本想到丹城以后，再告诉陈凯。很快，苏医生就接到了陈凯的回信。信中陈凯叮嘱苏医生，要她在离校之前的一天，千万给他打个电报，这样他才能算好时间到汽车站去接她。本来，苏医生在乘上火车返乡之前，是应该给陈凯拍个电报的，但苏医生太想给陈凯一个意外的惊喜了，她甚至对两人见面的情景作了一千次设想，都觉得不够戏剧和意外。想到自己突然出现在陈凯的面前，而他在见到自己时的那种惊诧的表情，苏医生就忍不住要笑出声来。她猜想，在惊诧之后，陈凯一定会趁没有人的机会，紧紧地抱住她，用力地咂她。

陈凯以前一高兴，总是这样。

可是苏医生怎么也没有想到，那个遥远的夏天，就在她兴冲冲返回丹城的同时，陈凯正在被人押解着，行走在去大坪农场的路上。

带着儿子一起去闸北，苏医生的感受很复杂。再过几个月，儿子就将是50岁的人了，而当初陈凯与自己第一次去闸北的时候，才是二十出头的小伙子。是啊，时间过得真快，苏医生发现公路两旁当年那些细小的白桦树，全都长成合抱粗的大树了，有的估计要两个人手牵手才合抱得过来。有一会儿，苏医生走累了，靠在路边的树上休息，她发现已经能在树上看见新绽的树芽。春天已经悄悄来临，而此刻已长眠地下多年的陈凯，能不能也感受到季节的更替呢？事隔多年再次到闸北，苏医生觉得，在她与儿子的身边，仿佛跟随着陈凯的影子，有时候苏医生觉得这个影子还很年轻，就像当年陈凯离开时那样的年轻，有时苏医生又觉得这个影子已经很老了，像自己一样老了，可是老了的陈凯长什么样子？苏医生怎么也想象不出来。

那一年，苏医生回到丹城以后，请人直接将她的行李拉到了陈凯的学校。尽管苏医生的父母就在丹城，可是自从与陈凯在闸北有过肌肤之亲后，苏医生潜意识中，已经把陈凯那里当成是自己的家了。不过让苏医生意外的是，当她来到陈凯宿舍外面的时候，发现陈凯屋子黑着，那扇小小的窗子，也没有弥漫着苏医生想象中的那种柔和的灯光。由于预想中自己不期而至为陈凯带来的那种惊喜并没有出现，苏医生有些失落。她想要是早知道会这样，还不如将自己的归期告诉给陈凯。后来，当苏医生敲开旁边的宿舍，询问陈凯的去向时，她敏感地意识到陈凯出事了。

不知道陈凯去了哪里！陈凯的同事这样回答苏医生，但是从他们的眼睛里，苏医生又明显地看出他们知道陈凯的去向。离

孤　证

开陈凯工作的学校，怅然若失的苏医生回到父母的家中，并从父亲的口中得知陈凯被划成了"右派"，已经被押解到一个叫大坪农场的地方进行改造。

事情是这样的，就在苏医生大学毕业返回丹城的途中，陈凯被划成了丹城师范学校的最后一名"右派"。当时，学校的"反右"工作已经接近了尾声，但是丹城师范学校的"右派"比例还差那么一点。那一天，究竟让谁去充当差的那一点，一直没有一个定论，人选已经有了，分别是教数学的老王和教历史的老董，但谁更"右"一点呢？学校老师的意见分成了两派。陈凯到学校只有一年，完全还是个局外人，以为这种事情，跟自己没有太大的关系，但他错了，悬崖边的老王和老董联起手来，他们认为最后一名右派应该是陈凯，因为他见到人总是说"幸会，幸会！"

老王说，陈凯端着碗去食堂的时候，每当遇到熟人，他就会用筷子敲着碗沿，说"幸会，幸会！"

当时，在丹城，电影院里正放映的一部"二战"的片子，里面有一位纳粹军官，碰到熟人就说"幸会，幸会！"

老董说，陈凯说"幸会"的口气，与电影里那位纳粹军官的一模一样。

陈凯的命运就这样被改变了，他想不通。苏医生更是想不通。倒是她的父亲对她说，说"幸会"只是个借口，谁让陈凯是异乡人呢？苏医生的父亲还要她与陈凯划清界限，但是遭到了苏医生的拒绝。父女俩为此大吵了一架，苏医生想，如果陈凯不是到丹城来工作,那肯定不会做什么"右派",人家现在肯定正在湖北的某所学校好好地教着书。所以,苏医生告诉父亲,她不但不与陈凯划清界限,还要嫁给他。

可是,就在苏医生与父亲发生争吵之后没有几天,就有坏消息从大坪农场传来,说陈凯自杀了。

苏医生听到这个消息的时候,第一个反应就是把肚子里的孩子生下来。

但是情况似乎并不像苏医生想象的那样糟。很快又传来消息,说陈凯"自绝于人民未遂",也就是说陈凯还活着,这让苏医生兴奋不已,她向刚刚报到的医院告了假,起程到大坪农场看望陈凯,她相信自己是陈凯活下去的勇气。从丹城到大坪农场两百公里路程,苏医生整整走了一个星期。到了大坪农场,苏医生才听场部的人说,短短的一个月不到,陈凯已经是第二次自杀了,估计还会有第三次。场部的管教希望苏医生能帮忙做做陈凯的工作,安心接受改造。苏医生当时提了个要求,希望场部能为陈凯打个结婚证明。她对管教说的理由是,陈凯结了婚,也许就不会再自杀了。

等场部安排苏医生与陈凯见面,苏医生发现陈凯比半年前见到时消瘦多了,整个人无法从被打成"右派"的痛苦中缓过神来,在见到苏医生的那一瞬间,也没有表现出多大的激动。

"你不该来这里的!"这是陈凯在大坪农场见到苏医生说的第一句话。

苏医生告诉陈凯说,她已经向场部申请了,希望他们能帮他打个结婚证明。

孤　证

　　陈凯说:"我不能与你结婚,我现在已经是个'右派',我得接受改造,洗心革面,重新做人。"

　　苏医生说:"法律并没有规定'右派'不能结婚。"

　　陈凯说:"反正我是不能与你结婚的,除非我有一天脱了'帽子'。"

　　苏医生当时望着陈凯,眼睛一动不动,像是在生气。后来,她撩起衣服,摸了摸微微有些隆起的腹部,对陈凯说:"我已经有了你的孩子,我不希望他来到这个世界之后,就没有了父亲。"

　　"我做了父亲?"一阵沉默之后,陈凯小声地问。

　　"所以你得跟我结婚!"苏医生说,"你不能就这样逃避责任!"

　　"就是在闸北的那次?"

　　"嗯!"苏医生点了点头,"都已经四个多月了。"

　　陈凯听了,走过去抱住了苏医生,他仰头望着屋顶,像是想控制住什么,可最后没能控制住,突然他猛烈地抽泣起来。苏医生把他的手拿在自己的肚子上缓慢地抚摸着,她感觉到陈凯的眼泪顺着脖颈流到后背上去了。

　　苏医生的到来,打消了陈凯自杀的念头,但是苏医生到大坪农场的时候,整个国家都处在大饥荒的年代,农场里有不少"右派"一身浮肿,死人的消息经常传来,而凭陈凯瘦弱的身体(他自杀时流了不少血),也许很难支撑下来。

　　苏医生最后一次来闸北,是在陈凯死了六年以后,那时陈阳已经六岁,准备读小学了。苏医生有一位同事叫腾维生,上海人，是位"脱帽右派"，陈凯死了以后，他一直在追求苏医生。腾医生是一位有耐心的人，他从不向苏医生表白，但是他总是能让苏医生感觉得到，他喜欢着她。

腾医生是在苏医生分配回丹城医院两年以后，才"解放"回来的，他的家庭出身不好，因此从上海医大毕业以后，就支边到了丹城，没有几年就被划成"右派"，押送到大坪农场改造。腾医生是外科的一把好刀，在大坪农场的时候，因为替管教接好了骨折的手臂，所以被看作是可以改造好的"右派"，被摘了帽。他重新返回丹城医院以后，因为知道他曾经做过"右派"，而且改造的地方又是陈凯曾经在过的大坪农场，苏医生对他就凭空多了一份好感。当然，首先是腾医生对苏医生充满了敬佩。腾医生告诉苏医生，他在大坪农场时就知道苏医生了，当时在农场接受改造的"右派"，都为苏医生硬要嫁给一个"右派"所感动。腾医生说，当时有许多想不开的"右派"，都因为苏医生而改变了自杀的念头，不过因为正值大饥荒，尽管自杀的人少了，但在大坪农场接受改造的"右派"，还是有不少因饥饿死掉。

当年，苏医生从大坪农场回到丹城以后，将她和陈凯的两张照片贴在了一起，办了两本结婚证。亲戚中有不少人说苏医生傻，父母更是气得与她断绝了来往，他们觉得苏医生这个时候选择嫁给陈凯，就是嫁给一生的不幸和痛苦。而且，即使是嫁给了陈凯，也不应该就要孩子。他们的想法是有道理的，如果陈凯有个三长两短走掉，苏医生带着一个孩子，以后的日子将会变得很艰难。

后来，当陈凯真的走掉以后，苏医生独自带着陈阳的确碰到

孤　证

了许多麻烦，腾维生此时对苏医生的关心，让她内心十分感激。在陈阳六岁的时候，苏医生答应嫁给腾医生，但是她提出要腾医生陪她去一次闸北，腾医生欣然接受了。

两人在去闸北的路上，很自然地提起了陈凯。腾医生说，他当时都没想到，陈凯竟然能从大坪农场熬出来，去修小阳铁路，他也许是内心有强烈的牵挂，才顽强地活下来。腾医生告诉苏医生，陈凯到大坪农场的时候，他们都早已断炊了，许多身体比陈凯强壮的人，都得了水肿病死去，自杀了两次的陈凯却奇迹般地活了下来，尽管他给人的印象弱不禁风。

腾医生的话让苏医生回忆起，她当年到农场看望陈凯的时候，在那里吃到了一种古怪的食物，看上去松软细腻的粮食，吞到嘴里却很难咽下去。

"你说的那种粮食实际上是棕树树干，"腾医生对苏医生说，"由于缺粮，在大坪农场改造的人们，就把棕树外面的皮剥掉，用推刨将棕树心一推，就有一些粉状的东西掉落下来，然后用箩筛一筛，细细的粉看上去像上等的面粉，但是蒸出来以后却难以下咽。"

苏医生说："难怪那样难以下咽，原来不是粮食！"

"不过棕树干还不是最难下咽的，"腾医生说，"最可怕的算是谷壳了，腊月间青黄不接的时候，农场不知从哪里运来十多吨谷壳，在太阳下晒干，冲碎，依旧用箩筛过滤。但谷壳蒸出来比棕树干更难下咽，岂止是难以下咽，吃进嘴里去就像吞进无数细碎的刀子。"

苏医生想起来了，陈凯曾经在给她的来信中，提到过吃谷壳的事。苏医生想，陈凯当时肯定是特别想活下来，想让他的儿子来到这个世界的时候，看到他的父亲，所以尽管难吃，陈凯每顿都强迫自己吃两碗，想着他当年用身体温暖了蒸肉给自己送来的情景，苏医生的心突然痛了起来。

腾医生没有发现坐在身边的苏医生在流泪，他说："其实谷壳吃进去还要容易些，拉出来就更困难了，许多人的肛门都被划出了血。"

自从苏医生来过大坪农场之后，陈凯唯一的信念就是活下来。每隔一个星期，苏医生都会收到陈凯的来信。一开始，陈凯的来信除了谈及他对苏医生的思念外，就是谈饿，以及他如何寻找一切可以吃下去的食物。苏医生从文字中感觉得到，尽管饥荒的阴影一直笼罩着农场，但陈凯有这样强烈的求生欲望，估计能活下来。不久以后，陈凯给苏医生的来信内容全变了，里面没有了儿女私情，没有了抱怨，也不谈饥饿，满信纸写的都是对管教干部的歌颂，要不就是表示自己一定认真接受改造，重新做人。又过了几个月，陈凯来信说，他这几个月的改造进步很大，受到了管教干部的表扬，上面要抽调一些表现好的"右派"去修小阳铁路，那是重体力劳动，说是每人每月将有四十斤供应粮，管教干部已经找他谈过话了，说把他列入了候选名单，不久就会启程。

苏医生当时一直为陈凯来信的内容感到纳闷，直到后来重新与陈凯在闸北见面，陈凯才告诉她，他在去场部寄信的时候，发现管教干部在偷拆信件，因此才将计就计。

腾医生告诉苏医生，他说他之所以后来被摘掉帽子，不仅是

孤　证

因为给那管教接好了骨折的胳膊，而且像陈凯那样，在给亲人写信的时候，拼命地歌颂管教。腾医生说，为了重获自由，自己做了不少违心的事。

四十多年前，苏医生要腾医生陪她去闸北，本来是想回来以后就嫁给腾医生的，但是到了闸北，苏医生却改变了主意。坐在闸北的水库边，与陈凯一同经历的一幕幕又浮现在苏医生的脑际，想着陈凯是从遥远的湖北来到这个地方，并且长眠在这里，苏医生的内心就沉重不已。即使陈凯已经死去六年了，可要是嫁给了腾医生，苏医生竟然有一些不忍，她觉得自己所有的幸福和欢乐，都会让陈凯显得孤单，因此，苏医生对腾医生说："我还是忘不了陈凯，我的心里装着一个男人，再嫁给你，对你不公平。"

此后，腾医生又等了几年，突然有一天，他悄无声息地调回了上海，甚至没有告诉苏医生。只是在半年多以后，他给苏医生来过一封信，说他回到上海以后结婚了，妻子是个图书管理员，很好的一个人。

但是腾医生还是在信上告诉苏医生，说他在丹城碰上了这一辈子最尊重的女人，尽管陈凯去世了，但仍然很羡慕他，甚至有些嫉妒他。

这一天，苏医生之所以要带着儿子陈阳到闸北，是因为在事隔四十多年后，她再次收到了腾维生寄自上海的信。腾维生在信中说，他的妻子半年前患乳腺癌去世了，他还在信中告诉苏医生，说手术是他亲手做的，可还是没能挽回妻子的生命。

腾医生在信中询问了苏医生的近况,并说如果苏医生方便,那他很欢迎她到上海一带去旅游,他现在身体还好,可以全程陪同她。

收到腾医生的信,苏医生动了心。可是一想到真要到上海,把陈凯一个人留在这里,苏医生就不忍心。事实上,苏医生大学毕业回到丹城医院工作了十多年以后,就有省城的大医院来函想把她调了去,但是考虑到陈凯就埋在丹城北郊的闸北,苏医生想都不想就拒绝了。当然,如果陈凯就是丹城人,也许苏医生不会觉得他太孤单。

儿子小的时候,苏医生常常觉得自己是陈凯在丹城这个地方唯一的亲人,现在,苏医生觉得,即使自己真外出旅游,因为陈阳已经长大,而且有了他自己的孩子,陈凯也不像原来那么孤单了。

这次,让儿子陪同来闸北,苏医生很自然地又想起了陈凯的死。

在陈凯死之前的几个小时,苏医生正在腆着个肚子为一个产妇接生,从手术室出来,刚好收到陈凯打来的一个电话,说他们已经到了闸北,并且将在那里住上一夜,等矿上派汽车来接,然后进矿山修小阳铁路。

放下电话,苏医生就拖着身子进了医院的产房。她从陈凯的来信中,知道他这几个月以来,一直都没有吃饱过,现在,苏医生最大的愿望就是望着陈凯美美地吃上一顿,但是苏医生知道,陈凯是去修小阳铁路,又是一个脱帽的"右派",不可能有机会来到丹城看望她,自己能够在闸北那个地方,匆匆看上他一眼，也许就不错了。因此，苏医生决定第二天带点吃的东西，给陈凯送去。

苏医生来到丹城医院以后，分配到了妇产科，因此住在产房里的那些女人，大多认识苏医生。苏医生跑了四间产房，最后借到了十个鸡蛋，她把这些鸡蛋放在一口小锅里用煤油炉煮熟，再到医院门口的供销店买了一斤麦麸子饼干，请了假一路朝闸北赶来。此时的苏医生，肚子里已经装着一个八个多月的孩子，行走很困难。苏医生当然也想起两年前，陈凯给她送蒸肉的事来，而且苏医生去的是闸北，虽然说身体显得有些笨重，但苏医生内心里有一种难以言说的甜蜜，再想到陈凯他们住的地方是闸北的那个招待所，苏医生就觉得她与陈凯要成为一家人，纯粹是命里注定的。

到了闸北，苏医生轻车熟路找到了招待所，由于陈凯他们的到来，招待所的床铺根本不够用，每一间屋子里都打满了地铺，好在前去修小阳铁路的"右派"都带着行李。又是几个月没见，陈凯比上次在大坪农场见到时状态要好许多，他的脸上甚至露出了久违的笑容。负责看管他们的管教很能理解他们的相见，他把陈凯那间屋子里的人全赶了出来，只给你们一个小时，他拍了拍陈凯的肩头，像是祝贺，又像是鼓励。

陈凯望着苏医生笑了一下，苏医生也望着陈凯笑了一下，两人心里都清楚，这家招待所对彼此来说，意味着什么。因为苏医生怀着孩子，陈凯只能从背后抱着她，但是他很快就从苏医生的身上，闻到了一股香味。陈凯闻到的不是苏医生的体香，而是苏医生藏在包里的鸡蛋和饼干。苏医生发现，饥饿的确可以让一个人的嗅觉变得十分灵敏,她把包里的食物全部拿了出来,她知道此时把食物送给陈凯,比把身体送给陈凯更重要。

屋子里面安静极了,陈凯在见到食物那一瞬间的眼神,让苏医生内心隐隐作痛。那是一个被饥饿折磨得太久的人见到食物的目光,欣喜而又贪婪。屋外的走廊上,偶尔有人走过,甚至有人在经过陈凯他们房间时,还意味深长地吹一声口哨。没有人想得到,此时的陈凯不是在屋里与苏医生亲热,而是极为贪婪地大口吃着苏医生带来的鸡蛋和饼干,一边用有一些夸耀的口吻,说他是怎样通过写信的方式,改变了管教对他的看法。让苏医生惊异的是,陈凯一口气把她带来的十个鸡蛋和一斤饼干全吃下去了,苏医生想,人的胃就那么大啊,怎能一次装那么多东西呢?

然而让苏医生更惊异的是,当陈凯吃完她带来的食物时,脸上呈现的并不是满足或者幸福的神情,他脸上的五官扭动着,双手捂着肚子跪了下来,并且在苏医生过来搀扶他的时候,一头栽在了地铺上,不停地滚动。苏医生没有想到,她带来的鸡蛋和饼干,让饥饿已久的陈凯患上了急性肠梗阻。

在苏医生的记忆中,陈凯出事以后,还没等人们把他送到丹城医院,他就走掉了。苏医生后来每当想起这桩事情,就后悔不已,她本来只想让陈凯饱饱地吃上一顿,没想到自己良好的愿望竟然夺去了陈凯的性命。苏医生觉得,是自己杀死了陈凯,这也是苏医生后来一直拒绝再嫁人的原因。

就在陈凯走掉的那天晚上,苏医生早产了,儿子陈阳在这么一个特殊的时候,来到了这个世界,一个亲人的离去和一个亲

孤　证

人的到来，竟然如此巧合地重叠在一起，彼此之间只隔着几个小时，却永远不能相见。陈凯下葬的那天早晨，苏医生抱着儿子来到了太平间，站在那间弥漫着寒气的屋子里，苏医生望着覆盖着白布的陈凯，恍恍惚惚觉得，陈凯以另外的方式重生了。

这一天，苏医生带着陈阳到了闸北以后，她一直在努力地寻找当年那个小镇残存的印迹。但是已经完全被水泥楼群改造了的闸北，无法让苏医生找到记忆中的一丝影子。幸好水库的地貌没有什么大的改变，苏医生带着陈阳在水边坐了下来，她告诉陈阳说，闸北这个地方，事实上才是他真正的出生地。

陈阳歪着头看着母亲，笑了笑，他其实已经在跟随母亲到闸北的路上，感觉到母亲是在追寻一段早已逝去的时光。苏医生说："阳阳你肯定想不到，当年就在闸北这个地方，你的父亲因为吃了我送来的鸡蛋和饼干，患了急性的肠梗阻后，走掉的。我作为一个医生，本应该知道，他当时的胃肠道因为长时间的饥饿，已经变得非常的脆弱，是根本不适合吃干粮的。"

"阳阳，"苏医生说，"你还记不记得医院外科的那位腾医生？他给我写来了一封信，他的妻子也死了，而且是他做的手术。"

陈阳望着母亲笑了一下，他对父亲陈凯没有什么印象，因此无法体会到苏医生到闸北时的那种绝望的心情。很快，陈阳就忘记了离异给他带来的痛苦，他看上去表情轻松，望着眼前的水库，微笑着。苏医生这时发现，陈阳笑起来，是多么像他的父亲陈凯！

"假若现在坐在旁边的是你,那该多么好啊!"苏医生自言自语说了一声。

此时,太阳已经升起来了,闸北水库的水面金光闪耀。那一瞬间,苏医生仿佛觉得陈凯就躲在附近的什么地方,偷偷地望着他们。

孤　证

　　找了差不多十年，才找到你的线索，这让我非常欣慰。从离开松村监狱起，我就再也没有见到过你，包括早我一年分到松村监狱的方向东和强奸犯朱志强我都再没有见过。当然，对我来说，朱志强三十年前就死了，他死得诡异、蹊跷，像一个魔术。不过他要是明天就出现在我的面前，告诉我他就是当年的朱志强，我也不会吃惊，我经历过的匪夷所思的事情实在是太多了。此时，我坐在一辆绿色的出租车上，从昆明城赶往三十公里外的长水机场，那儿离你现在的居住地吉林省农安县有三千多公里吧？总之四个小时的航程之外，我还得乘两个小时的长途汽车，如果顺利的话，我会在今天晚上抵达你生活的农安县城。我相信你知道我来的目的。

　　原谅我没有提前打电话，我担心你拒绝。司法局老干办的那个胖姑娘是个热心人，她从一本厚厚的花名册上翻到了你的地址，还有电话。早些年，她每个月都要往那个地址寄你的养老金，现在不用了，可以从银行直接打到你的卡里。你不知道，找到你是我解开那个谜的最后希望，我不是较真，真相永远不是用来较真的，我只是比较孤独，常常会觉得众叛亲离，不被人理解。很多时候，我都试图说服我自己，当年朱志强是没有死，他的尸身没有被我送进那个潮湿的防空洞，是我神志不清，产生了幻觉。

有一点我们都没有想到，当年的松村，后来会改名为长水，两个风马牛不相及的地名竟然可以人为调换。我记得在松村的时候，每到冬天，那个地方就会大雾弥漫，空气潮湿，细小而密集的水粒吸收了光线，阳光照射不进来，浓雾里的村庄里一切都模糊不清。每当这个时候，在松村监狱接受改造的狱犯就不再外出干活，那是一群被圈养的狼，狱警们担心他们会主动迷失在大雾中，那就会非常麻烦。那样的天气，狱犯们会被安排坐在车间里，昏暗的灯光下，他们穿着整齐划一的劳动服，理着光头，人手一把黑色的剪刀，沉默不语地把辣椒后面的梗给剪掉。许多年过去了，我还能记得剪辣椒梗那窸窸窣窣的声音，细碎而密集，仿佛有一群老鼠在黑暗中就餐和交谈。

从远处望过去，长水机场的候机大楼外形像一架正在起飞的巨型飞机，向上高扬的檐角象征着正在昂起的机头，还有往两侧不断延伸的巨大机翼。你做梦也没有想到有一天我会在这儿乘飞机外出吧？五年前，这个机场的某截跑道下面，有一个四周建有围墙的监狱：松村监狱。你也许忘记了，我在那儿工作的时间，恰好也是五年。

再过几个月，我就退休了，你比我大二十岁还是二十五岁？时间就像是稀释过的硫酸，这世间的一切包括记忆都被它腐蚀了。我之所以不远千里过来找你,是相信在人生的暮年,你会愿意把三十年前的真相告诉我,来日无多,应该没有什么事情再让你畏惧。

飞机开始倒退着滑行,原本躲在阴影中的机身置身于午后四点的阳光下。即使是没有云层的阻隔,此时的阳光与我乘坐出租车赶往机场时相比,也明显衰弱了。不是光线的明亮度发生了变化,而是隐藏在光线中的某种心气已经渐渐丧失,你不知道,我觉得这光线中有什么值得我珍惜的东西悄悄流失了。

你是二十年前离开的云南,还是更早?树上的黄叶,是不是只有落到地上才会感到踏实?我猜想你不会再来云南了,如果你割舍不下,当初你就不会离开。我突然想起一个人来,板桥镇上开旅店的秦娥,她的样子在我的大脑里浮现了一下,又沉到了记忆深处,就像是有一盏灯亮了一下,又熄灭了。

飞机滑行了一段之后,又停了下来。开阔的地带突然变得安静,只是偶尔有飞机起飞或降落的声音传来,像远方密集而沉闷的雷声,有时又觉得像是夹杂着暴雨的大风扫荡过来,它们突然,短促,像睡眠中的咆哮。你不知道,当我将额头抵在舷窗的玻璃上望出去,我看不到松村监狱的一点影子,它就像是一个巨大的坟墓,被时间的厚土掩埋,舷窗的外面,是往两头延伸出去的跑道,以及跑道之间稀疏的草皮。我们工作过的那座监狱就像是从来没有存在过一样,一座现代化的机场,把松村监狱毁尸灭迹了。这让我有小小的难过。

眼前的一切倒还是真实。我坐的地方在头等舱后面两排靠窗的位置，离机翼不远，裸露在阳光下的机翼反射着白光。你要是坐在我现在这个位置，也能发现舷窗的外面，光滑的机翼是由规格不一的铝板组成，上面纤尘不染，只有一排排用于固定铝板的螺钉和用于指示的黑色箭头。当然，还有一个巨大的黑色英文字母 B 和 587 三个连在一起的阿拉伯数字。

我平时外出的机会并不是很多，但这次我乘坐的飞机在跑道上等的时间长了一点，以至于什么时候起飞也成了一个谜。机舱里面的人昏昏欲睡，仿佛这架飞机能不能起飞与他们都没有关系，我心中有努力压抑的焦虑，担心赶到三千公里外的长春之后，搭不上去农安的长途班车。不过不要紧，我可以第二天再赶过去，我都已经等了三十年时间了，再多等一天也无妨。

你不会忘记朱志强吧？老方走掉以后的这十来年，我一有机会就寻找他的线索。我询问过松村监狱的管教，也向在那所监狱待过的狱犯打听过他的消息，但对于一个三十多年前在那个地方接受改造的狱犯，没有人知道他详细的信息，许多人甚至都忘记松村监狱曾经有过那么一个狱犯，不过我觉得你不会忘记，方向东也不会忘记。因为我也没有忘记。

作为一名狱警，我当年在见到刑犯朱志强的那一瞬间，就知道他不是个善茬。人一生的秘密，其实都写在脸上。在松村监狱的时候，我看过朱志强的刑事犯罪档案，知道他是因强奸罪来这儿服刑的。原本，朱志强是个卡车司机，但他把一个搭车的姑娘给强暴了，而且在事后控制了姑娘的人身自由，挟持着她一路走南闯北，直到姑娘怀孕，不得不进医院进行人流手术，

孤　证

朱志强的罪行才被发现。在法庭上，朱志强坚称姑娘是他的未婚妻，是为了逃婚与他私奔的。他说，如果姑娘不是他的未婚妻，他早就找个偏僻的山野，把姑娘杀掉了，没有人会知道。但是法院最终还是没有采信朱志强的陈述，那个没有出庭的姑娘承认她答应过做朱志强的妻子，她对询问的警官说："如果不答应他，他就会在路上把我杀掉！"

看守所里，嫌疑犯们最看不起的就是强奸犯。他们崇拜政治犯，害怕杀人犯，羡慕经济犯。通常，涉嫌强奸的人进到看守所，都会被暴打一顿，然后被安排睡在靠近马桶的铺位上，狱头拉完屎后，会把屁股高高翘起，让你给他揩屁股。如果不会事，往往会被狱头再打一顿，还要你把头伸在马桶里去闻大便。朱志强的个头并不高，只有一米七零左右，但长得结实，像公路边那些被锯掉一半的粗壮的行道树，生命力非常旺盛，从他脸上的胡茬和密布的青春痘就可以看得出来。打斗是少不了的，都没有想到，形单影只的朱志强最后会占上风，打翻了监舍里所有的人，顺理成章成为新的狱头。当然也有代价，朱志强右脸的下端留下了一条长约十公分的疤痕。我不知道当初是谁替他缝合的伤口，那可不是一次成功的缝合，粗糙的手术，让他脸上的伤口愈合之后留下了明显的针脚，所以朱志强的脸上，像是常年爬着一条泛红的蜈蚣，尤其是在他激动的时候。

在松村监狱做狱警的那几年，每隔一段时间，我都会做犯人越狱的梦。梦中，有时是我带着人追捕那些四散逃走的刑犯，但是有的时候颠倒了过来，狱犯暴动，我在梦中被那些野蛮的狱犯追捕。作为一名狱警，那是特别伤害自尊的逃亡，即使是在梦中，我也会因羞愧弄得满头大汗。现在我可以告诉你了，我不但做过被狱犯追捕的梦，还做过被你和老方追捕的梦，梦中的你们是狱犯的卧底，我想逃出被大雾笼罩的松村，逃得精疲力竭，我也没能逃脱那团浓雾的包围。

  我之所以对朱志强印象深刻，不只是因为他死之后是我与方向东把他的尸体抬到防空洞里，而是在我所做过的那些被狱犯追捕的梦境中，几乎每一次我都能梦见朱志强清晰而强悍的脸，我甚至都怀疑他脸上的那只红色的蜈蚣，已经爬进了我的大脑里，就藏在我后脑的某个地方。

  松村监狱占地应该有两百多亩吧，你一定还能记得，里面有一个巨大的土堆，上面修有监狱的瞭望哨。如果仔细观察，还会发现土堆的下面，有一道不起眼的铁门，后来才知道里面是一个刚动工就停建的防空洞。你来松村监狱的时间比我早得多，知不知道修那防空洞是什么时候？当初也没想着问一下。我现在还记得，锈迹斑斑的铁门上，有几个细小的孔，我刚来松村参加工作时，曾经去过那儿，把眼睛凑在铁门上面往里看过，但铁门后面一团漆黑，什么也看不清楚。后来，老方告诉过我说，原本那个地方要修防空工事，可只修了一截不到二十米长的隧道，就废弃了。你也许不知道，我从分到松村监狱工作开始，就把方向东叫老方，其实我们俩的年龄一般大。

  朱志强出事的那天，老方慌慌张张地跑来，让我赶快到板桥镇上去找你。那天一大早，松村监狱里的狱犯被拉到城里清理下水道去了，这是一桩苦活，但是狱犯们都愿意。他们已经有

孤　证

太长时间没有见到过女人了，更别说漂亮的女人，去城里干活，的确是给他们的眼睛打牙祭，每个狱犯，都会珍惜在城里干活那短暂的时光，眼睛里长出两把色情的小镰刀，亡命地收割一切美色。我还知道，每当狱犯集体被拉到外面干活以后，你都会从松村监狱里消失，偷偷溜到板桥镇去找秦娥。当时你是松村监狱的狱医，无论是狱警还是狱犯，我们都叫你席医生。其实我知道你的真名叫席如林，吉林农安人，老革命，一九四九年跟随宋任穷的部队从那边一路打过来。但后来你为何来到松村监狱做狱医，没有像你的一些战友那样活得飞黄腾达，我们都觉得是一个谜。

我还记得那是一个星期六的上午。头一天的下午，我已经向单位请了假，准备去离松村监狱二百公里外的老家看望生病的父亲。正当我准备出门的时候，老方突然推开了我的房门说，朱志强昏倒了，口吐白沫。我才知道，那天上午，当所有的狱犯进城掏下水道时，朱志强因为身体的原因留了下来。你一定以为狱犯都进城去了，没有人去医务室找你看病，就去了板桥镇。那天上午，我与老方赶到监舍的时候，朱志强已经神志昏迷，老方让我把躺在床上的朱志强背起来，你不知道一个丧失知觉的人有多么重。那个强奸犯在我背上一直往下滑，我不得不弯下腰来，弓着身子踱蹬着把他背到医务室，路上我还想那么重的一个人，压在那个姑娘身上她怎么能吃得消？

到了医务室，才知道你不在里面，老方诡异地望着我笑了笑，要我赶到板桥镇，把你给找回来，我就知道你是去会秦娥去了。老方只早我几个月参加工作，可是一遇到事情就像是我的领导那样支使我，但我向来都不与他较真。我骑上了监狱里的自行车，打开监狱的铁门，沿着一条铺着煤灰石的土路，朝着几公里开外的板桥镇一路狂奔。

那时已是深秋，松村监狱附近田地里的粮食都已收割，有苞谷秸扎成的大垛三五成群地搁置在闲地里。大地突然变得空旷，让我有些不习惯，就在我骑着自行车往镇里赶的时候，我突然觉得眼前的那一幕好像在哪儿见过，是以往的一段经历，还是梦中曾经的景象，一时间也理不清头绪。

这种似曾相识的感受发生过也不是一次两次了。有时候，过去的事情一旦过去，你还真不知道它的真假，往往是梦境和现实混为一谈。我之所以这么说，是想再重复一次，我的确看到朱志强死了，不是幻觉，更不是臆想。

你知道，从松村监狱去镇上的土路并不平坦，几公里的路坑坑洼洼，如果下了一点小雨，就会变得非常湿滑。我那时的车技其实已经非常不错，但我不知道为什么摔了一跤，虽然没什么大碍，可我在跌下去的时候，有煤渣在我左小腿上划了一个口子，鲜血缓慢地从里面渗透出来，我当时顾不得去扶跌倒的自行车了，而是跑到路边的地埂上，扯了一把野蒿叶子，搓揉碎之后，敷在了伤口上。我至今还清楚地记得，野蒿绿色的叶汁和红色的血液交汇在一起后，颜色慢慢变深……你是医生，知道野蒿的确是止血良药。

你应该记得，我是用自行车驮着你赶回松村监狱的，我一路拼命地蹬，并没有耽搁太长时间，可是等我们赶到松村监狱，

孤　证

还是晚了一步。那一天的天气不错，松村难得的天高云淡，监狱里安静得要命，弥漫着一种令人心悸的不祥气息。我与你赶到监狱医务室以后，看见朱志强躺在屋子靠窗的那张条凳上，他的脸色灰白，是死人的那种僵硬的白，平时他一激动脸上那条会发红的蜈蚣好像也跟着一块不行了，我记得你当时伸过手去，扳开朱志强的眼皮，凑近看了看，然后摇着头告诉我们说，"朱志强的瞳孔都放大了！"我是那次才知道，瞳孔一旦放大，就意味着生命的体征消失了。这个在梦中追赶过我的强奸犯终于死掉了，我其实内心悄悄松了一口气。可是我不明白的是，朱志强又不是你的亲人，他的死你为何那样难过，有十多分钟，你坐在平时接诊的那把椅子里，没有说一句话。你还记得不？当初你接诊的桌子上，一年四季都放着一只玻璃罐头瓶，里面插着的是兰草。

人死了不能复生。在狱犯朱志强的家人到来之前，尸体得找个地方存放，说不准还要做尸检，查一查死因。松村监狱是个小监狱，不会设置单独的太平间，更何况在朱志强之前，还没有狱犯在改造的时候死掉。老方不知道从什么地方找来一副铝皮担架，我们三个人费了好大劲，才把朱志强的尸体搬在担架上。是你提出的建议，说把朱志强的尸体放在那个被废弃的人防工事里，那里阴凉，气温要低一些，尸体不容易腐烂。

都说虎死如土，人死如虎。朱志强原本凶悍的脸在他死后变得无比狰狞，他的眼睛半睁半闭，而且他的瞳仁上，像是蒙上了一层薄薄的塑料膜。他嘴里焦黄的牙像是有几颗变大了，从他厚厚的两片发白的嘴唇中间就能看到。等我和老方把担架抬起来的时候，你在朱志强的尸体上盖上了一块白布，遮盖了他那张平时爬着一条蜈蚣的脸。

如果不是值班，没有狱警愿意住在松村监狱。冷清、压抑、沉闷，大门一关就与世隔绝。监狱的四周，建有高高的围墙，而围墙上还拉上了通电的铁丝网。那天上午，我和老方抬着朱志强的尸体离开了医务室，往防空洞那个方向走去，老方走在前面，他的个头要比我稍矮一些。我记得很清楚，清楚得就像这一切就发生在昨天，当时我走在老方的后面，我还发现盖在朱志强尸体上的那块白布，原来是一件白大褂，上面有一个平常用于插听诊器的口袋。我那个时候的视力很好，所以我还能看到白大褂上面那个口袋的线头已经松了。

从医务室到人防工事有百多米的距离，路不是太平，不知是什么时候，朱志强的一只手臂从白大褂里面滑了出来，垂在担架的右侧，随着我与老方行走的节奏有规律地晃动，看上去有点滑稽。望着朱志强那只还没来得及僵硬的手，我不知道为什么会幻想眼前这只晃动着的手，当年是怎样强行剥光那个姑娘的衣服。你还记得不？当时你从我的身后赶了上来，把朱志强的手，塞回到担架上，用你的那件白大褂盖住。

是你打开人防工事的那道生锈的铁门，一个黑洞露了出来，我把头凑在门洞那里，闻见了一股潮湿的霉味。我看见，有一些绿色的苔藓覆盖在入口处的墙壁上，上面蠕动着一只小小的蜗牛，正伸直两条柔软的触须，在空气中试探，我还看见触须的上端，各自有一个圆圆的小球。

孤　证

　　抬着朱志强的尸体进防空洞的时候，老方不干了，他要我走在前面。走在前面就走在前面！我蹲下来，双手抓牢担架的抬杆，费劲地钻进了人防工事，大约走了五六米，老方在我的身后叫道："可以啦！"他把担架的一头放在地上，我始料不及，身子失去重心，手里的担架滑落，向后一屁股结结实实坐在了朱志强的脑袋上。我是那个时候才知道老方实际上是一个胆小鬼。把朱志强放在防空洞里以后，从洞里出来，我得跨过朱志强的尸体。当时我是背对着人防工事的门倒退着出来的，我主要是担心如果转过身去，躺在担架上的那个强奸犯会爬起来，用石头砸在我的后脑上。

　　把朱志强的尸体放进防空洞以后，我回到宿舍带上换洗衣服，在监狱的热水房里好好洗了一次澡，然后就离开监狱，回家看生病的父亲去了。在家休假的那几天，我还短暂想过躺在防空洞里的朱志强，我总是担心会有老鼠爬到朱志强的尸身上，把他的耳朵或者鼻子给咬掉。

　　刘国军、赵大海、殷刚、查先富……下午六点，松村监狱总会响起点号的声音。这是每天的例行公事，站在台上的干警手里揣着一本花名册，目光如炬，从上而下巡视着下面上百个罪犯。每叫一个名字，台下站着的犯人中，对应的人就会出列，然后在干警尾音还没完全消失之前，又迅速复位。当然，偶尔也会有那种大大咧咧的罪犯，动作故意放慢半拍，以为自己还是过去的老大，那就等着明天被派最苦最累的活儿。

　　监狱就是一炉文火，再硬的牛皮下锅，一样给你炖得稀烂。

你也许会好奇我当初点名的顺序都记得如此清楚。好记性不如烂笔头。那天下午发生的事情，我后来在日记里做了详细记录。白纸黑字，我吃过记忆遭到篡改之后的苦头。

我也承认我在松村监狱的时候收拾过朱志强，当看到他犯罪的卷宗时我就决定要修理他了。监狱外面，有一个占地百余亩的水塘，水不深，却密布杂草，我在休息的时候，总是喜欢坐在水塘边钓鱼。有的时候，我的鱼钩会钩在杂草上，上下左右都退脱不出来，我就会把朱志强叫来，让他脱得赤条条地下水去，帮我把鱼钩解脱出来。长途汽车驾驶是一个体力活，从朱志强那黝黑和结实的身体就可以看得出来。有的时候，看着朱志强弯腰在水中摸索鱼钩，我还会走神，会不由自主地想起眼前这个罪犯当年强暴那位姑娘的情景，我总是会在一个人的臆想中体会那种隐秘的快乐。

事实上，我发现朱志强下水去摸鱼钩好像很快乐，他会愉快地哼起一首曲子，或许是他想以这种方式讨好一个狱警，表明他非常乐意为我效劳。每一次，我听见朱志强哼的都是一个调。如果用简谱表示，应该是"$\underline{23}\ 3\ —\ |\ \underline{21}\ \dot{6}\ —\ |\ \underline{23}\ \underline{23}\ 6\ |\ \underline{23}\ 3\ —\ |\ \underline{21}\ \dot{6}\ —\ |\ \underline{23}\ \underline{21}\ \dot{6}\cdots\cdots$"歌词含混不清，但我知道是淫邪的歌词。

"朱志强，唱清楚一点！"

"怕把管教教坏了！"

"管教是你教得坏的吗？"我表情严肃地说。

朱志强说："这是云南山区姑娘的搭车调，交通不便，姑娘在村口，发现有一辆汽车抛锚，司机修得满头大汗，刚把车修好,姑娘的歌声传了过来。"

"老司机,带带我,小妹十八啰,老司机,带带我,小妹十八啰!"

老司机心情不好,就回唱:"管你十八不十八,我的轮胎打滑啦!"

小妹继续唱:"老司机,带带我,小妹十八啰!老司机,带带我,小妹十八啰!我的小奶给你摸,你的汽车给我坐。老司机,你说说,哪个划得着?"

老司机于是东望望,西瞅瞅,小声对姑娘说:"你不说,我不说,两个都划得着。上车!"

朱志强的这首歌每次都能把我唱得心花怒放,他往往会在唱完歌之后,抱屈地说:"管教,你说我冤不冤嘛!"

不过要是到了秋天,下水去摸鱼钩就不再是件愉快的事情了。秋水凉入骨,朱志强脱光衣服下水之前,他下体的作案工具还挺自负,把鱼钩摸上来,也就十多分钟时间,他的下半身变得像个女人,凶器萎缩成一颗蚕豆,就像是被阉割过一样,你都很难想象它曾经在那个可怜的村姑身上作威作福。死前的那一天,他帮我摸上鱼钩来后,无法再继续歌唱,他浑身抖动个不停,两排牙齿不断叩击,像是他的身体里装着一架失控的小马达,我当时还想是不是水塘里藏着伤寒病毒?望着他的身体消失在监狱里,我内心对他的憎恶第一次变得轻了。

不过,让我后来意外的不是朱志强还活着,而是所有人都不相信他曾经死过。看望完父亲我回松村监狱的时候,狱犯们正在监狱外面挖水渠。秋收之后,土地需要平整,作为一家有着几千亩农地的劳改农场,每一天都会有很多事情。回到监狱的当天下午,我就又干活了,被领导安排了顶岗。松村监狱离板桥镇有几公里,但离城却有三十多公里,不时会有干警请假到城里,轮休的干警就会临时顶上。所以,那天下午,在外干活的狱犯收工以后,我又像往常那样站在台上点名:刘国军、赵大海、殷刚、查先富……朱志强,当我按顺序叫出朱志强的名字时,立即就想到这个犯人早在一周前就死掉了。但是我怎么也没想到,罪犯队列中会有一个人响亮地回答了一声:"在!"

听到有人回答,我相当愤怒。我已经是有五年工龄的老狱警了,不知道是谁有这么大的胆子敢挑衅我。早几年,松村监狱发生过这样的事情,有罪犯潜逃后,他的同伙在每天下午例行的点名时,代替他回答,以至于罪犯逃亡几天后才被发现。听到有人代替朱志强回答,我不得不暂停点名,用严厉的目光巡视着下面的狱犯。百多个狱犯,清一色的光头,穿着相同颜色的劳动布工装,秋日的夕阳照在他们身上,有一些晃眼。我当时就想把那个顶替朱志强的狱犯从人群中找出来,给他点颜色看看。那个不知深浅的家伙也许不知道,只需要我的一个眼神,台下那些荷尔蒙分泌过旺的狱犯中,就会有几个如狼似虎地跳出来,给他一顿胖揍。

"朱志强!"我再次威严地叫了一声,目光坚定地盯住了狱犯中那位出列的人,但我做梦也没有想到,那个出列回答的人,正是朱志强自己。巨大的错愕,让我的身体有一些僵硬,手中用于点名的花名册也掉到了地上,你不知道,在我弯腰下去捡花名册的时候,我一直在纳闷,朱志强不是死了吗,怎么又活

孤　证

了过来?

那一天下午,草率地点完名之后,我把朱志强留下来。

飞机经过短暂的犹疑之后,突然加速,带着呼啸狂奔到跑道端头。舷窗外面,跑道边长着低矮杂草的空地,用于测量风向的黄颜色旗子以及几辆引导车一晃而逝。突然,机头扬起,窗外的大地瞬间变得倾斜,借助飞机的升高,我看到了滇池盆地周边广阔的大地。

那件事情发生之后不久我就离开松村监狱了,你看,一晃,三十年就过去了。时间有时具体得像一个逐渐推远的镜头,从中望出去,往昔在松村监狱经历的一切,如同机身下那些变得模糊的城镇和村庄,你看见了它们的全貌,却也因此付出了看得清晰的代价。

如果老方还活着,我也许不会来找你,毕竟从云南到吉林不是件简单的事情。老方走掉十年了,他患的是肺癌,发现的时候癌细胞就已经全身扩散,临走的那半个月,每天都要打两针吗啡,说是彻骨的疼痛。我是事后听他的遗孀讲的。我在老方的遗孀那儿打听过当年你在松村监狱的事情,但他的遗孀一无所知。你知道,在松村监狱的时候,老方也还没有结婚,至少我在松村的时候他还没有老婆。听说我离开那所监狱不久,老方也离开了,此后我就再也没有见到过他。

我是在老方病逝之后半年才得到消息的。要是早知道他患了癌症,我就去医院看望他了,来日无多,我相信他会把当年的那件事情向我解释清楚。一个肺癌晚期的人,还有什么秘密可守呢？

还是回到那个遥远的下午吧，当我把狱犯遣散以后，我把朱志强留了下来。

"究竟是怎么回事？"我问他。

他没有说话，而是转过头去东张西望，好像是有所顾虑。

我上前一步靠近他，我们的脸与脸只隔着几十厘米，我都能看清楚他嘴角上的几颗粉刺，有两颗已经开始化脓，粉刺尖有让人恶心的白点。我当然还看到了他左脸下爬着的那只蜈蚣，它又活过来了，身体泛红，仿佛还在扭动着身子。

"上个星期，"我目不转睛地望着朱志强，我都感觉到自己的目光像两枚图钉那样，按进了他的脑门，"你是不是假死过？"

"假死？"朱志强一脸无辜地望着我，"没有啊！"

"那我与方管教抬到防空洞里的那具尸体是谁的？"

"不知道，反正不是我的，"朱志强把头转向防空洞那个方向说，"也没听说有谁死啊！"

"那你上个星期病没病过？"

"也没病过！"

"那是谁把你背到医务室的？"

"我没生病，去医务室干嘛？"朱志强皱着眉头望着我，像看一个怪物似的。

那个下午，把朱志强打发走掉以后，我有些恍惚，总觉得有什么地方不对劲。很快，狱犯们都集中到食堂吃饭去了，监狱里空旷下来。我独自又来到了防空洞那儿，铁门像往常一样

孤　证

锁着，从上面几个锈蚀了的孔洞中望进去，防空洞里一片漆黑，什么也看不清楚。你也许不知道，我原本想当的是侦破案件的刑警，而不是来看守犯人的狱警。我在防空洞的铁门那里蹲了下来，仔细查看地上的痕迹。即使是过了一个星期，我依然能在那水泥地上，看到有杂乱的足迹。还有铁门被人打开之后，门轴下面有转动时掉下来的铁锈。

现场的勘察坚定了我的判断，一个星期前，我一定与老方抬着朱志强的尸体来过这儿，哪怕他现在活蹦乱跳也改变不了这个事实。我当时还没有想到老方也会否定朱志强死亡这件事，当然，更没有想到你也会否定。离开防空洞的时候，我已经怒不可遏，像一只愤怒的气球，我认为是朱志强在戏弄我，他一定是不满我一次又一次让他下水去摸鱼钩，我那时至少想了五六种修理他的办法，我要让这个强奸犯在松村监狱生不如死。

从防空洞那里回来，我就在监狱里四处寻找老方，我觉得一定是他在与朱志强搞什么鬼。我还知道他无聊的时候，喜欢单独询问朱志强，要他老实交代强奸那个村姑的细节，然后他会在夜里躺下以后，想象朱志强的犯罪细节，进行自慰。但那天下午我在监狱里找了很久也没能找到他，直到很晚了，他才回来，说是去了城里约会。是的，那段时间老方情欲勃发，到处托人给他介绍女朋友，有时一个星期会相两次亲，简直是迫不及待。

"老方，上个星期朱志强究竟是怎么回事？"

"朱志强？那个强奸犯？"老方一脸的困惑，"他怎么啦？"

"他不是发急病死了嘛，"我说，"你还让我去镇上把席医生叫回来！"

"有这事？"方向东摇了摇头说，"你说的我怎么没有一点印象呢？"

我伸手抓住了老方的衣服，一动不动望着他的眼睛，只要他一躲闪，我就会当胸给他一拳。

"你说朱志强生病了，我们两人去的监室，还是我把他背到医务室去的，你也忘了？"

"没有印象！"方向东说。

"席医生回来以后，翻了翻朱志强的眼皮，说他瞳孔已经放大，后来是我们两人用担架把他抬了，放在防空洞里，你也没有印象了？"

"怎么可能？"老方用两只手抓住我的手臂，用力地晃动我说，"你怎么啦？是不是病了？"

老方根本不承认与我一起处理过朱志强的尸体，相反，他觉得我是发高烧说胡话，还把手摸在我的额头上，对我说："你也没发高烧啊！"

从老方的宿舍出来，我坐在监狱花台上，天已经黑了下来，有晚风吹拂，我悄悄地用手扭了一下自己的大腿，疼，清晰的疼。我还借着微弱的星光，拉起裤脚，还能看到左腿上结疤的伤口。那个时候我就想，席医生，只有你能够证明一个星期前发生的那件事了。

说实在的，我很失望。席医生，我没有想到你也与他们一样，否定朱志强死而复生的事。三十年前的那个下午，你否定

孤　证

我在镇上悦来旅店找到你。其实，我们都知道你与悦来旅店的老板娘秦娥关系暧昧。你身怀绝技，有着祖传的接骨术，也许是你在替秦娥接她被马车撞断的右腿时，你们产生了感情，每个星期，你都会在周末去板桥镇替她换药，这个习惯你在她伤好之后坚持了下来。后来，每当有狱犯被拉到外面干活，要晚上才会回来，你也会抽空去板桥镇。我记得很清楚，那天我从板桥镇上用自行车驮着你回来时，我曾告诉过你腿上被煤渣划了一个口子的事，上坡的时候我们还停下车来，你蹲在地上替我仔细查看过伤口。那一年你五十多一点吧，头发已经花白，我俯看着你的头顶，仿佛看见那儿隐隐约约藏着一个冬天。

此后回到松村监狱所经历的一切，我是那样的印象清晰，清晰得就像是在显影液里越来越明朗的照片，而你却对从镇上赶来救治朱志强，以及后来我们三个人把他的尸体送到防空洞里的事情一无所知。我想只有一种可能，就是外星人在我回家探望父亲的时候，悄悄来到松村监狱，他不但让朱志强重生，而且把你们三个人记忆中的某个部分删除了，就像很多年以后电脑普及，把一张图片或者一段文字删掉一样，这对你们的生活没有产生任何影响，而我却因此陷入了对自己深深的怀疑中。

你也许不知道，当年我之所以要辞去警职，离开松村监狱，就在于我无法说服自己相信朱志强死而复生的事情只是我个人的幻觉。除了你与方向东之外，我还询问过其他的狱警，以及与朱志强熟悉的那些狱犯，但他们都不知道朱志强死了之后尸体被送到防空洞的事情，不过有人能够证明出事的那天，朱志强的确没有跟着其他狱犯到城里掏下水道，他留在了松村监狱。

但他们对朱志强留下来之后发生了什么却一无所知。那一段时间我一直努力寻找能证明朱志强死过的证据，可没有人愿意帮我证明，这让我非常痛苦与孤独，感觉受到了孤立与抛弃。我明明知道事情的真相，却无法言说，唯一的办法只能离开，否则我怀疑自己很快就会疯掉，尽管当初你们都认为正是这个原因，我才离开松村监狱的。

离开松村监狱以后，有那么一二十年，我几乎忘记朱志强的事了。你知道，一个人没有了公职，但还得生存，我在走出松村监狱的那一瞬间就清楚这一点，所以这三十年来，我贩卖过茶叶，帮朋友经营过液化石油站，应聘到餐馆做厨师，到缅甸倒运过木材。刚刚离职的那些年，我在昆明城居无定所，有一段时间，差不多每隔一年我就得搬一次家。感谢那段颠沛流离的生活，使得我热爱房屋就像那些饥饿的人渴望食物一样，我此后的营生就是不停地买房，倒房，并从中挣到了足以保障我余生的钱。等我不再为生计奔波以后，当年朱志强死而复生的那件事，又被我再次想起，它像根插进我大脑的刺一样，不时地提醒我注意它的存在。但是我还是想不明白三十年前的那件事情，尽管我比你小二十多岁，可我知道我终究有一天，也会像老方一样死去，我不想死不瞑目。这也是我在方向东死了以后，四处找你的原因。

老方死后，我曾经去松村监狱找过朱志强，并在那里查到过他服刑的记录。但没有人知道他出狱之后的去向，他就像一滴水那样消失在大海之中，甚至没有留下一丝传闻。仅只是隔了二十多年，当我重返松村监狱的时候，已经没有一个人认识我了，我当然也不认识他们。那个上午,我望着监狱里一张张陌生的面孔,突然怀疑自己当年是不是真在这个监狱做了五年的狱警？

而这个世界,除了我以外,也许不会有人关心三十多年前,朱志强死而复生的事情。

飞机在辽阔的云层上飞行,机身下面,是铺陈到远天的洁白雪原。冻土之下的世界,看不见一丝生命的痕迹。可是当我长久地把脸贴在舷窗上向下凝望,我发现下面的云层其实有着深浅浓淡的阴影。视觉上,它们并不平坦,而是有着微妙的起伏,仿佛那雪原的下面,有被覆盖的丘陵、田畴与高山,也有被冻住的大树、阒无人迹的村庄和曾经喧哗的小河……长途的飞行里,我不止一次悄悄拉起我的右裤,轻轻抚摸三十年来一直覆盖在我左小腿肚上的那道疤痕,就像抚摸我最为珍惜的宝贝一样。

印 象

　　长铭先生曾经讲过这样一件事。当时我们一起在苏建康的住处聊到深夜,话题由写作、最近阅读的新书到巧家的风土人情以及听到的奇闻异事(长铭先生是巧家人)。长铭先生说,他认识一个叫王咏义的人,到丹城出差,住在一家名叫红星的旅馆里。那天晚上,王咏义梦见他住宿的那间客房,一个身穿灰色夹克的人和一位穿棕红色衬衫的人发生了激烈的打斗,结果,穿棕红色衬衫的人被杀害了,并被凶手反绑在床的背部。王咏义说,梦境中的凶手,就是那个穿灰色夹克的人。在处理完现场时,他还特地把床单拉长,这样一来,受害者就被成功地掩盖了。

　　长铭先生说,由于梦中的景象过于真实,王咏义在半夜醒来以后老是盯着对面那张床看,当时正好下雨,窗外刮进来的大风掀起了对面的床单,王咏义借助闪电真就看见了一个穿棕红色衬衫的人被反绑在床的背面,于是就报了案。

　　那个案子最终是否被破,杀人凶手是否是王咏义梦见的那个灰衣人,长铭先生当时没有说明。

长铭先生讲这个故事的时候是一九九四年春天,离现在已经许多年了。

三江口派出所就在小镇的街上,门口停着一辆白底蓝线条的三轮摩托车,车的尾部有一根镀铬的钢管,上面有一个带警笛的红灯。苏建康从临江旅店走到派出所,两个年轻的警察一直跟在他的身后,看上去就像是他的随从。在江边的这座小镇上,苏建康几乎没有见到什么行人,所以整座小镇给他的感觉是在午睡。

屋子里面有一个人背对着阳光,像一幅剪影一样镶嵌在窗洞里,据说他就是派出所的所长。在苏建康进屋之前,两个年轻的警察对他作了暗示,但是苏建康认为自己不但见过局长,连厅长都已经见过了,莫说一个所长,何况从明亮的阳光下突然钻进阴暗的屋里,苏建康什么也看不清楚,他像一截木棍一样站在所长的面前,目中显然无人,这样就引起了所长的不快。

等适应了屋内的光线之后,苏建康终于看清楚坐在他面前的是一个长着一头乱发的中年男人,他的眼帘下面,已经有两个明显的泪囊,这除了年纪的原因外,就是常常睡懒觉导致的结果。苏建康注意到,所长那张乡村警察的脸上,贴着两片厚厚的嘴唇。嘴唇厚的男人往往是憨厚的男人,同时又是性欲旺盛的男人,所以苏建康觉得他根本不该当警察,尤其不该当所长。

一只蝉在外面的那棵皂角树上不停地鸣叫,所长在苏建康进屋以后一直用惺忪的睡眼盯着他看,一句话也不说。所长以为这样一来,他的目光就会很有穿透力,其实不是这么回事。

苏建康没有想到所长会一句话也不说，仿佛把他叫来就是让他站在这里，让所长盯着看，苏建康暗暗下决心，只要所长不说话，他也就坚决不说话，而且要拿眼睛盯着所长看，并且要比所长有穿透力，直到把所长看得无地自容。这样一来，苏建康发现所长的目光立马显得散乱了，他看上去让人觉得有些心不在焉，先是回过头去望了望窗外的阳光，片刻之后他又回过头来打了个长长的哈欠，露出了两排被香烟熏黑了的牙齿。

"你知不知道我们叫你到这里来干什么？"所长突然以一种真理在握的表情问道。

苏建康吃了一惊，他觉得这句话该他问所长，没想到所长却来问他。苏建康于是耸了耸双肩，双手一摊，还故意将嘴唇拉得很长，头朝左肩一偏。

"你不要跟我装佯，"所长的表情突然变得非常可怕，"到这里来还要装佯的人，我会让他站着进来躺着出去！"

苏建康没有料到一个嘴唇很厚，看上去一脸憨厚的男人竟然会凶相毕露，而且还能够背诵《保密局的枪声》里的台词，苏建康恨不得立即变成为局长甚至厅长，看所长还敢不敢凶相毕露，所长却立即和颜悦色起来。所长说，"你得配合我们找到这个人！"并且把一张照片递了过来。

苏建康从所长的手中接过了照片，这是一张黑白的半寸正面照，照片上的人也许是因为正襟危坐而使表情显得有些呆板。苏建康发现，照片上的这个人他的确见过，但是在什么地方见过，他一时又想不起来了。

"你再仔细看看！"所长把身子压在桌子上鼓励着他，一脸

孤　证

期待已久的表情。

苏建康意外地发现所长的鼻梁上有颗痣,正想对所长提一点忠告,所长却掏出烟来,苏建康以为所长会给他一支,没想到所长自顾点上,一下子把苏建康的心情弄得很阴暗。

"看上去他像是我中学时代的一位同学!"

所长的眉毛皱了起来,他深沉地猛吸了几口烟,一脸的困惑。

"他高中的时候游泳淹死了!"苏建康一副缅怀往事的样子,"他要是不死,当年肯定能考上大学!"

所长突然就发了脾气,他把照片抢过来摔在桌子上。所长说:"这是个杀人犯,他把人杀了之后藏在床底!"

苏建康重新把照片拾起来,这下他发现照片上的人有些像猴脸。

(以上是苏建康听完长铭所讲那个故事后,梦境中的一个片段。)

苏建康是盐城师专的一位年轻教员,每年夏天,他都会替自己寻找一次外出旅行的机会。有几年他去了沿海的城市,另外的几年,他一次去了西藏,一次去了新疆,一次去了云南的丽江。这一年,苏建康突发奇想,决定要沿着云南省界走一趟。事实证明,苏建康无法沿着真正意义的省界行走,他只能抵达一些靠近省界的县乡。

八月中旬,他来到了滇东北高原的西北部,那时离盐城师专开学只有一个星期了,苏建康乘坐的那辆破旧的乡村客车在离三江口小镇十公里的地方抛了锚。傍晚的时候,苏建康从汽车抛锚的地方步行到了三江口小镇，住到了临江旅店里，在那里，他碰见了猴脸。

刚开始的时候他们谁也没有和谁说话，萍水相逢，随便开口意味着没有旅行经验，同时也容易暴露自己的弱点。旅店里当时没有其他的人，猴脸隔着一张餐桌坐在对面的条凳上，长时间眺望着窗外那混浊的江水，像一个哲人。可是后来，苏建康发现，猴脸实际上是在借助窗玻璃观察他。本来，对于一个身材和长相都像猴子的人，苏建康从来就不怕他观察，哪怕是逼视，只是苏建康不喜欢被一个陌生人随便观察，于是他也借助另一扇窗户的玻璃，对猴脸的职业做了种种猜测：乡村干部？小学教师？流窜犯？收购山货的小商人？都不像。

最终还是猴脸率先打破两人之间的沉默，他对苏建康说："我好像在哪里见过你。"猴脸说话的时候一脸缅怀往事的表情，以为这样一来，他就可以从大脑里挖掘出一点被苏建康认可的记忆来。虽然苏建康知道以前猴脸无论在哪里都没有见到过他，但还是乐意被他这样认为，所以苏建康也说，"我仿佛以前是见过你。"没想到猴脸一听马上就来了兴趣，他把凳子一拖，坐到了苏建康的身旁，还从衣袋里抽出一根烟来递给了苏建康，一点也不像刚才的哲人。

"你这是准备去哪儿？"看见苏建康拒绝了烟，猴脸自己把烟叼在嘴上，一低头，点燃了火。

"回盐城！"苏建康说。

"盐城？盐城我很熟！"猴脸从容地吐了一口烟，以无限向往的神情列举了盐城的几大风景名胜，表示这些地方蛮好，而

孤　证

且他统统都去游玩过。正当苏建康忍不住重温盐城的山川景物，猴脸突然一口气列举了几个名字，问苏建康认得认不得。苏建康把那几个名字在心里回味了好几遍，最后只得老老实实告诉猴脸这些人他都不认识。猴脸一听，立马就一脸的遗憾，仿佛只要认识他所说的那几个人，将会给苏建康带来无穷的好处，而苏建康却偏偏认不得，闹下了天大的遗憾。最后，猴脸沉思了半天，又说了一个铿锵有力的名字。"这个你一定认得了！"话既然已经讲到这个份上，苏建康只得点头表示对猴脸所说的那个人有点印象，猴脸却不满足苏建康光有点印象。

"那人名气恐怕比市长还大呢！"他强调。苏建康以为是一个响彻云霄的名人，正准备自卑，没料到猴脸说的是一个杀人犯，因为把酒喝多了，手提两把菜刀从街这一头杀到街那一头，一共被他剁翻了二十八个人，苏建康这才觉得，自己还是不认识他的好。

杀人犯把苏建康的心情弄得很不好，他后悔不加分析就随便表示对他有印象，正想找个机会把刚才犯的错误纠正过来，猴脸却又转移了话题。

"你贵姓？"他问苏建康，并且是一脸的期待，仿佛这和他的人生又有很大的关系。

苏建康只好告诉他姓苏，草办苏。猴脸听了之后叫声"好"。苏建康姓了二十多年的苏，还从来没有发现姓苏有什么好，他却一下子就发现了。猴脸又问苏建康是搞什么工作的，苏建康说是教师，猴脸于是恍然大悟：

"你这是暑假出来旅游？"

"暑假出来旅游！"

如果从山顶往下看，三江口小镇一定会像一条慵懒的蛇一样，横卧在两山之间的谷底，由于白天过多的热量囤积下来，所以即便是太阳落山以后，气温也非常高。回头从窗户望出去，小镇的街道上行走着许多赤裸着上身的男人，看上去他们像一条条白花花的鱼。

苏建康和猴脸住的这家旅店是一座临江而建的两层木楼，它的底部是几根延伸到江水中的石柱，江水每隔几秒就会将浪头拍打在那些石柱上，发出哗哗的有节奏的声响。

猴脸说，这个季节来三江口，一定要住这种靠江边的木楼，这种木楼凉快。听他这么一强调，苏建康觉得自己能住到这家旅店来，似乎全是猴脸的功劳。

两人一直在楼下坐到很晚，一边真真假假虚虚实实地聊着关于旅途的话题，后来他们跟在旅店老板的身后走上了二楼。旅店老板是个川音很重的中年男人，他的手中捏着一支蜡烛。

"已经停电好几天了。"他对猴脸和苏建康解释，"电站的机器被洪水冲坏了！"

借着蜡烛的光亮，苏建康和猴脸分别认定了靠窗的两张床。

老板把两人带上木楼后又下去了，他把蜡烛留在了窗前的一张破旧的桌子上，偶尔有江风灌进屋来，烛光就不停地摇晃，猴脸撑起身子来，自作主张吹灭了烛火。

"火光逗蚊虫！"他说。

屋子又一下隐没在黑暗中，在猴脸吹灭烛火之前，苏建康留意着把一个帆布包藏在了枕头下。

孤　证

从那扇紧靠江边的窗户里，苏建康看见了江对岸的山梁和山梁上一线暗淡的天空，外面江水流动的声音像是随着黑暗涌进屋来，让人听了以后觉得心里发虚。苏建康问猴脸会不会游泳，猴脸说会，而且听他的口气不是一般的会，他躲在黑暗中对苏建康说他在江边生活了很多年，完全能做到沉下水去在石缝里摸鱼。苏建康觉得猴脸是在吹牛皮，就说："未必比'浪里白条'还厉害？"

"谁是'浪里白条'？"

见他对"浪里白条"都不认识，苏建康就颇有些看不起，于是对猴脸说："那是我一个朋友的绰号，他在水文站工作，据说可以在江底行走。"

有一段时间猴脸没有说话，苏建康想要是他读过《水浒传》，那么他完全有理由不说话，正好苏建康也不想说话了，他闭着眼睛，听外面的江水，想象它的滔滔浊浪，并且暗暗揣度自己的游泳技术能否对付得过去。

仅只是片刻的时间，猴脸就忘记了"浪里白条"的事情，他爬起来问苏建康吸不吸烟，苏建康犹豫了一下，正准备说不吸，猴脸已经把烟扔了过来，苏建康只好在黑暗中一阵摸索，然后把它放在木桌上。

猴脸说，在旅途上不随便吸别人的烟是对的，要当心别人在烟里做手脚，反正在烟里放四号的有，放迷药的也有。苏建康本来不吸他抛过来的香烟，被他这么一说，觉得不吸反而不好，仿佛证明了自己怕他，于是只好把烟叼在嘴上，凑过身子去把烟点燃，反正苏建康抱定不往肺里吸的信念，何况猴脸又矮又瘦，苏建康历来不怕一个又矮又瘦的男人在烟里做手脚。

偶尔，猴脸用力吸烟的时候，烟蒂红红的火光会映照出他内陷的脸颊，苏建康估计即便猴脸做了手脚，他也可以在倒下去之前扑过去，用力扭断猴脸细细的脖子。他暗暗用劲，考验手上使不使得出力来，猴脸却开始牛皮他在旅途上的种种经历……

苏建康那天晚上从睡梦中醒过来以后，他的脑袋清醒异常，他开始回味梦中的情景，尤其是那长着两片厚嘴唇的所长，苏建康觉得自己见到过这么一个人，只是他无力将那张脸从纷繁的往事里分离出来，他当然也想起了梦境之中所长手中的那张照片，以及所长最后所说的话。

苏建康由此回忆起长铭先生讲过的那个故事，当然由于时间的关系，苏建康在回忆这个故事的时候已经和长铭先生所讲的有了一些出入，但是在旅途中的这样一个夜晚，苏建康不去回忆那个故事又能做些什么呢？不过严格说来，苏建康现在已经不是回忆，而是想象了。

长铭讲的那位王咏义，是巧家县某单位的一名采购员，那年夏天，他坐着一辆破旧的客车沿着一条名叫马扎的河流溯流而上，在两岸的岩壁间，长途客车就像是一只仓惶逃遁的甲虫。公路实在太险恶了，王咏义有时望望窗外，他根本看不见路基，感觉就像是乘坐一架小型伊尔飞机在峡谷中穿行（这种感受多年以后，苏建康坐在那辆抛锚的汽车上也产生过）。

孤　　证

　　司机是一个看上去只有二十五六岁的小伙子，他对自己能够独立驾驶着这辆一身是病的汽车行驶在如此高危的路上很自豪，尽管车的挡风玻璃上印有"乘客请勿同驾驶员交谈"的警语，但是一个瘦子（一度，这个瘦子在苏建康的想象中替换为猴脸）还是忍不住要同司机大谈特谈旅途上的种种经历，偶尔他还掏出烟来递给司机。司机非常得意，他对瘦子说他在这条路上已经跑了三年了，还说某年他碰到了几个四川司机，车开到这附近就不敢再开了，结果只好出了高价请他帮忙开过这一段险路。王咏义在心里暗暗恨瘦子，恨他的喋喋不休，恨他点燃烟递给司机，其实以认识几个司机为荣的年代已经过去，瘦子完全用不着这样。恨完瘦子王咏义又恨司机，王咏义想，你莫说才跑了三年，就是你在这条路上跑了三十年，也应该谦虚谨慎才对，否则一不小心滑下路基，导致的不是一场车祸而是一场空难。

　　王咏义抵达丹城的时候已经是晚上十点多钟了，由于他所乘坐的那辆长途汽车抵挡不住滇东北高原崎岖公路上粗砺的石头，把一个车轮跑到山箐里去了，这样，王咏义来到丹城以后，城里的旅店几乎都住满了人。

　　后来，王咏义在城郊结合处找到了红星旅馆，那是一幢老式的三层楼房，白墙、黑漆木门，这是六七十年代突然从丹城耸立起来的建筑，呆板、单调，置身于日新月异的城市中间，犹如一个神情木讷的老人。在房顶的正中，有一盏水银路灯弥漫着凄清的白光，照着旅馆外的那些果绿色铁皮货架和一条被泥土掩盖了的街道。

　　在旅馆的服务台里，王咏义看见了一个年轻的姑娘，当时她的手中正拿着一本印刷质量很差的杂志,那上面登载的通常是凶杀和艳情,再不就是间谍加美女。这种杂志捏在任何男人手中都将把他的浅薄与无聊暴露得一干二净,而捏在年轻姑娘的手中,则表明姑娘已初解风情,可以有机可乘。

看见王咏义穿过一片正在施工的建筑群走进旅馆,姑娘把手中的杂志卷成了一个筒,她抬起头来,看了王咏义一眼,然后将目光停留在王咏义身后的那些模糊的建筑上。

"住宿!"王咏义低声说了一句。

"没单间了,双间住不?"

王咏义想住的是单间,他的身上带着数目不小的货款,可是红星旅馆的单人客房已经住满,王咏义迫不得已只得选择了两人间,从旅客登记簿上,王咏义发现和他同住一室的那人名叫刘刚,是安徽无为县一家汽车修理厂的职工。

趁着姑娘低下头去开住宿票的机会,王咏义站在服务台外面,他看见姑娘衣领间若隐若现的乳房。很快,姑娘开完了票,她从桌子上拿起了一个圆形铁环,上面系着许多把钥匙。当她从服务台里面走出来以后,王咏义还发现姑娘穿着一套白底蓝花的连衣裙,她圆润的身体弥漫着一股让人心醉的气息。这样一来,王咏义跟在姑娘身后往楼上走去的时候,身子就有些发软,尤其是姑娘上楼梯时晃动在他眼前的那两只洁白而又饱满的小腿,一下就把王咏义的心搅乱了。

在三楼的楼道尽头,姑娘停了下来,她低着头寻找到了一把钥匙,并把它插进了锁孔,打开了房门,屋子里面的灯亮着,可是王咏义没有见到那个名叫刘刚的人,他才这么犹豫一下,姑娘已经返身离开了。

　　屋子里有两张床,相对着靠在窗边,其中的一张床上没有叠被子,看上去像刚有人睡过。另外,房间里还有一对质地很差的沙发和一个带柜的茶几。王咏义巡视了一下房间,然后拉开了茶几柜,他在里面发现了一把新牙刷和一筒新牙膏,他注意到那些东西没有被人用过。天气很热,房间里的窗户不知被谁打开了,从外面涌进来的热浪掀动着铁丝上挂着的一块暗红色毛巾。

　　自从住进红星旅馆以后,王咏义就一直等待着那个叫刘刚的安徽人。他坐在沙发里猜想着他的模样,猜想着他从无为县大老远跑到丹城来的原因。红星旅馆是一个地处偏僻的旅馆,离丹城闹市区已经有一段距离,按理说一个外乡人,王咏义觉得,他不应该在外面停留过长的时间,可是王咏义等到午夜,安徽人刘刚也没有回来,那时王咏义的心里就滑过了一种不祥的预感。

　　不过,一想到自己身上带的那笔钱,王咏义又希望刘刚不要回来,他发现带钱出差有很多不方便,你要保护好它,它就成为你最大的负担,最后你会担心所有的人都会对那笔钱造成威胁,王咏义就是这样,他想看看刘刚的模样,看他是凶恶之徒还是善良之辈,但是刘刚像是不给他这样的机会,他就像是有意躲在暗处,让王咏义的心一直被悬在空中。

　　当然,王咏义担心的是他身上带着的那笔钱,只要把那笔钱藏好,他就可以心安理得进入梦乡,问题是把钱藏在什么地方呢?鞋子太小,而且也不安全,把钱放在枕头下?那是毫无旅行经验的人最容易犯的错误，稍有经验的窃贼一眼就能够把这种小把戏看穿，为了能够找到一个理想的藏钱地点，王咏义把整个房间都想了一遍，然而他觉得无论把钱放在什么地方，都好像有两只眼睛暗中监视着他（事实证明的确有两只眼睛在暗中监视着他），所以王咏义总是觉得心里不踏实。

王咏义后来突发奇想，他觉得要是把客房里的电灯彻底弄熄，如果刘刚半夜回来拉不亮电灯，那么恐惧的应该是刘刚自己。这个小小的恶作剧让王咏义非常开心，他后悔没有早一点想出这一招，同是置身于黑暗中，再厉害的对手也不敢贸然出击，这下平等了。

王咏义由此心安理得地进入了甜美的梦乡，第二天早晨醒来，他发现安徽人刘刚昨晚一夜未归，王咏义知道，在丹城有着许多做肉皮生意的姑娘，刘刚一定是跑到她们那里寻快乐去了。窗外已经大亮，王咏义不准备再住在红星旅馆，他以非常快的速度起床、洗漱，然后收拾自己的物品，最后他还顺手将茶几柜里的牙膏牙刷装进了包里。之后王咏义站在客房的中央，想想自己还有什么东西没有带上，他甚至走到自己的床前，看看有没有东西掉到了床下，后来他又来到了安徽人刘刚的床前，他掀开了床单，低下头去……

王咏义看见了一张脸，他听见自己叫了一声，在床的背面，有一个人被反绑着，脸已经开始浮肿，两排牙齿紧紧地咬住伸得老长的舌头，尤其让人发毛的是，死者那双眼睛竟然一动不动望着王咏义，里面就像是有两把冰冷的箭，一下插进了王咏义的心里，让他冷得发抖，以至于王咏义轻手轻脚逃出那间客房时,身上像是捆满了绳子。

在三江口的临江旅馆,苏建康觉得要是自己是王咏义,那他一定不会去报案,为什么要去报案呢?苏建康觉得自己非常困了,很快他就熟睡过去。

这里值得一提的是,第二天早上,苏建康醒得很迟,而且头有些发闷,他睁开眼睛以后,住在对面那张床的猴脸已经不见了,他下意识地摸了摸自己枕头下的帆布包,发现装在里面的相机已经不见了。

这件事是一九九八年夏天苏建康在旅行中碰到的。

两个月以后,我和苏建康曾经一同去丹城出差。从丹城返回来的那天晚上,苏建康对我讲起他暑假旅行中的经历,他以宿命的原因解释着住在三江口临江旅店楼上的梦境,当然他也提及长铭先生讲的那件事,只是因为时间流逝的关系,苏建康在复述时,情节已经和长铭先生讲述的有了一些区别。

苏建康告诉我,他后来外出,坚决不住双人间客房。我笑着对他说,我们今晚住的不是两人间的吗?苏建康说,这不同,你我是多年的朋友,和你住在一起,我比住单人间还安心。

但是第二天夜里,我还是在睡梦中听见苏建康的一声惨叫,我在黑暗中叫了一声"老苏",然后从床上跳下来,拉亮了房间里的电灯。

我看见苏建康懵懵懂懂地坐在床上,一脸的失魂落魄。我走过去坐在他的床边,我说究竟是怎么啦?等到苏建康眼睛里的惊恐消退以后,他才告诉我说,他在梦中见到猴脸了。

"不就是一个猴脸吗？"我说。

"可是在梦境之中我怎么也打不过他！"苏建康用手指着自己的脖子说，"他死死地捏住了我的脖子，我都出不了气了！"

"你这是自己吓着自己了。"

我离开苏建康的床走到了窗边，我们住的这家旅店四周一片寂静，只偶尔有雷声滚过遥远的天边，传来一些沉闷的回声，外面下雨了，雨点稀稀疏疏敲打在旅店外的那一排梧桐树叶上，我抬腕看了看表，时针定在五点半上，离我们即将乘坐的那辆驶往盐城的长途客车发车，刚好还有一个钟头。

待　铺

汽车过了石咀以后，司机把车刹在路边。

和丈夫离异的阿苏是应聘到昆明的一所中学才开始她的这次旅行的，她已经有好多年没有乘坐长途汽车了，过去到昆明，阿苏几乎都是乘船到宜宾转火车，这次因为行李车过于麻烦，她只得包一辆跑长途的小型货车。头天的旅行阿苏怎么也不适应，一上车她就感到头晕，汽车好不容易爬上滇东北高原的朱提，在那儿歇息一夜重新上路之后，阿苏觉得自己整个人都快被肢解了。

但是在石咀郊外的公路边，当阿苏从沉闷的车里钻出来，呼吸到了高原新鲜而又清凉的空气，整个人一下子苏醒了。站在公路旁眺望着坝子的四周，蔚蓝的天空下，远处青色的山峦近在咫尺，阿苏感到自己的肌体里恢复了生机。

"再过去是什么地方？"阿苏问。

"雨绿！"司机说，"再过去就是待铺了。"

"待铺？"阿苏觉得自己的心被谁死死地捏住了。

待铺是个小镇,以前那里不通公路,只通马路。

阿苏第一次经过那里的时候只有十七岁,那时昆明到朱提开辟了新线,待铺成了必经的小站,阿苏乘坐的长途汽车在临近待铺的空山抛了锚,那时正是盛夏,附近刚下过暴雨,空气中散发着泥土淡淡的清香。

年轻的阿苏从抛锚的车上走进了蜿蜒起伏的山峦。空山的午后四周寂静得给人一种压力,偶尔有鸟群从头顶上掠过,阿苏甚至可以听见它们翅膀划破空气的声音。低下头来,阿苏在路边的一棵尖叶子茅草上发现了一只金色的蝴蝶,它一动不动歇停在草尖上,从那儿望下去,公路的护坎下种植着荞麦的山坡倾斜着延伸到谷底。这一带属云南东北部的高寒山区,阳光明亮、照着附近山野红红黄黄绿绿的荞麦花。

一个学生模样的年轻男子从身后走了过来,他背着一个花格子桶包,沿公路朝山脚的待铺镇走了过去,阿苏注视着他的背影,那男子在公路的弯道那里,突然停了下来,朝阿苏这个方向张望,阿苏的心蓦地一沉,有轻微的失重之感,她轻巧地回避开了他的目光,把自己的视线,重新投射到公路坎下那个开满荞麦花的斜坡上。

今天一大早,阿苏在昆明乘上这辆驶往朱提的长途汽车,汽车快启动的时候,一个人才慌慌忙忙赶来。汽车上还有不少的空位,阿苏身旁的座位也空着,没想到那个学生模样的男子的座位,就在自己身边。汽车驶出昆明城以后,漫长的旅途中,阿苏始终没有和坐在身旁的男子讲话。看得出来,一路上,她努力克服不停袭来的睡意,体面地与那个男子保持着一定的空隙。更多的时间,阿苏微侧身子,佯装眺望窗外的风景。清晨,天光还没有完全打开,略显静寂的大街上,楼房顺着街道的两侧,一座接一座朝郊外延伸。不久以后,在楼房与楼房的空隙里,能看见闪现过的稻田,以及开始扬花的玉米地。有一会儿,汽车钻进了一个黑暗的隧道,司机打开了车厢里的灯,阿苏借助车窗玻璃的反光,突然看见身旁的男子在身后注意着自己。年轻的阿苏拘谨起来,此后的旅途,阿苏大多数时间都在眺望着车窗外那些迅速流逝的田野和村庄,身旁的男子在瞌睡中几次把头耷拉了下来,吓得阿苏一个劲地往里躲,整个人都差不多快贴上玻璃了。

当汽车爬上空山山顶时,阿苏发现身旁男子仰起了头,用手指按住了自己的鼻孔,这奇怪的动作吸引了阿苏,她回过头来,看见学生模样的男子脸上,有鲜血顺着他的食指流了下来。阿苏自小就流鼻血,望着身旁和自己一样容易流鼻血的男子,阿苏悄悄把手伸进了衣袋,捏住了一团柔软的手纸。好几次,她都鼓起勇气,想把手纸递给他,但最后又因莫名的紧张而忍了下来,以至于握住手纸的掌心都在冒汗了。后来,男子含混地请求阿苏换一下位置,想坐在窗边。两人调完座位以后,阿苏看见他把头伸出了窗外,鼻血流得厉害,从鼻孔与男子食指间渗透出来,一滴滴往车后飞了过去。

趁着男子换手的机会,阿苏飞快地把那团手纸塞给了他,男子在车窗外,用手纸塞满了鼻孔,回过头来的时候,他认真望望阿苏,眼含笑意地说:要是有野蒿就好了。

阿苏没有搭他的腔,她正在怀疑,刚才递给男子的手纸,像是给汗水浸潮了。

汽车在空山顶上抛锚以后，阿苏还以为汽车是旅途中的短暂停留，一直靠在车窗边的年轻男子突然站起身来，从阿苏身旁穿了过去。汽车的过道上，挤满了准备下车的旅客，坐在空掉的车厢里，阿苏透过车窗玻璃，看见了刚才坐在身旁的男子，爬上了公路右侧的一个斜坡。空山公路的两旁，到处是高原极易生长的野蒿，年轻的男子在那里低着头采撷了一会儿，当阿苏从车上下来的时候，她似乎闻到野蒿那苦涩清凉的味道，从男子那个方向弥漫过来。

从抛锚的车里走下来的旅客已经四散开来，阿苏发现公路边没有树木的斜坡上，开着一些不知名的野花，有蜜蜂在花朵与花朵之间飞来飞去，阿苏贪恋高原山峦的景色，一直在抛锚汽车附近的山冈上流连。已经快黄昏了，夕阳开始向远方的山谷滑落，顺着落日的方向，阿苏寻找着传说中四季积雪的药山——滇东北高原的最高峰，然而落日的余晖里，远方的群山灿烂一片，这时一直在车底修车的司机爬出来告诉阿苏说："汽车一时修不好啦，待铺镇就在下面，今晚在那里过夜。"

阿苏心底浮起那种既新奇又不安的羁旅之情，她迟疑地离开抛锚的汽车，走到公路弯道的时候，司机又在身后的汽车那儿大声喊道："姑娘，再不走快一点，天黑之前你就到不了待铺啦！"

公路高出地面尺许，从石咀的坝子里笔直地穿了出去。司机在路边的井里提水喂足水箱之后，重新把小型货车开得飞快，

孤　证

待铺就在前面，在坝子外面的群山之中。透过车窗玻璃，阿苏看见公路上的行人、车辆和路边成排的大树迅速扑了过来。对于阿苏来说，重新回到待铺无疑是同过去的某一段日子重逢，因而坐在小型货车里的阿苏始终若有所思，脸上带着无法摆脱宿命安排的忧伤，她知道自己的这七八年来，一直回避着那个叫待铺的小镇。

那年夏天，当阿苏顺着那条弯弯曲曲的山间公路，拐进那个叫待铺的小镇时，天已经快黑了。能看到十多幢瓦屋和二十多间草屋，散落在公路两边，形成了一条小街。阿苏在街口标有"待铺"字样的水泥路标旁停了下来。山谷里天黑得较早，暮色笼罩着这个寂静的地方，街口一旁光秃秃的山冈上有人燃起了篝火。

街道泥泞，道路上的积水塘反射着暗光，阿苏小心地避开它们。顺着街道往前走的时候，她才意识到这个地方还没有通电。此刻，那些瓦屋草屋的窗户里弥漫着朦朦胧胧的昏黄灯火，光线愈发暗淡，阿苏很难看清那凸凹不平的街面，有两次她感觉身不由己地踩进了水里，脚底有些湿滑，也许是鞋进水了。偶尔，街边的房檐下会突然窜出一头猪来，把寻找旅店的阿苏吓一跳。

终于在一幢瓦屋的门外，阿苏看见了挂有"旅店"字样的木牌。一个面孔模糊的男人坐在门边，即便是在黑暗之中，阿苏也能感受到他望过来的目光。

"住店！"阿苏说。

坐在门边的男人不说话,毫无顾忌地上下打量着阿苏。

"我说住店!"阿苏又说,她已经有些无法忍受眼前这个男人放肆的目光了。

"哎嗨!现在才来打店,大水都过三秋田啦!"男人怪笑了一下,"在待铺,我的店是独家经营。"男人又说。

阿苏回过头去望着那黑暗的街道,心中突然感到不安,她没有太多的旅行经历,也不知道今晚上要是打不上旅店,漫长的黑夜她要怎样度过。先前从空山上下来的旅客,现在也见不到一个,像是隐藏在小街两侧一间间沉默的屋子里去了,阿苏有些后悔在汽车抛锚的山上停留得太久。

"如果实在要在我这里住,"坐在阿苏身后的男人突然又说,"那只有睡我的床了!"男人说完嘿嘿嘿地笑了起来。

离开这家旅店,阿苏抱着碰碰运气的心理朝前走了过去,街道两旁的房屋更稀疏了,由于没有光亮,那些黑色的屋子就像一只只巨兽一样蹲在路边。偶尔山野里传来几声狗吠,像是在近处,又像是在远处,在黑暗笼罩的山谷里冷冷地回荡。公路再延伸过去就什么也看不清楚了,一种身处险境却无人搭救的孤单心情袭了上来,阿苏着急得都快哭了。

早知道如此,阿苏觉得,她还不如就住在山上抛锚的汽车里。

远远的像是有人朝这边走了过来,阿苏蹲在了路边,她不希望自己被来人发现。从脚步的声音和那个人的身形上看,阿苏估计过来的人不会是一个女人,她的心里一阵不安,不知道要是碰上个坏人该怎么办。但是这种紧张的情绪并没有持续多久,很快,阿苏就认出过来的那个人,就是汽车上坐在自己身边的

孤　证

男子，有一种温暖而又踏实的感觉从阿苏的心上滑过，她张开嘴想叫住他，可是不知道为什么，话堵在喉头那里，说不出来。望着那男子从眼前的公路走过，重新消失在前方的黑暗中，阿苏心里后悔没叫住他。

"姑娘，姑娘！"这个时候有人朝她喊着走了过来，借着来人手里提着的一盏马灯，阿苏发现呼喊她的是一个身材矮小的妇人。

"我说姑娘！"来人走到阿苏的跟前，突然发出一阵尖锐的咳嗽声。"有人在我旅馆里为你留着一个铺位呢！"来人说。

突然听到的好消息让阿苏一时不知道该说什么才好，她唯一能做的就是慌慌张张从衣袋里往外掏钱。

"那小伙子为你付过啦！"

来人是旅馆的老板娘，她告诉阿苏说："一个学生模样的小伙子说不住在我那儿了，说把铺位让给你，我还担心找不到你呐！"

沿着泥泞的街道返回旅店，穿过一间空旷的屋子，老板娘领着阿苏走进了后面的院子。两层楼的瓦屋，有马灯挂在木柱上，照着院子里几个弯腰忙碌的旅客。阿苏看见他们围在一口大缸旁，用一些笨重的木盆洗漱着。院子边上这个环形的两层楼，看上去像是某部电影中见到的马店，阿苏跟在老板娘的身后，走上了一道吱吱作响的楼梯，忐忑不安地等待着她打开房门。

屋子里黑黑的什么也看不清楚，刚才那盏用来照亮的马灯被她放在院子里了，阿苏听见老板娘骂了一句脏话，大意是责怪自己没有把马灯带上楼来，幸好她随身带有火柴，擦亮点燃了窗台上的油灯，那是用墨水瓶制作的简易煤油灯，点燃了之后好一会儿灯光才慢慢扩散开来。

屋子看上去非常窄小，而且内部设施十分简陋，除了一张简易木床和一张未上漆的木桌外，就看不到其他东西了，老板娘解释说过去大铺东西容易丢，所以改成了现在的小间。和老板娘站在屋子里闲聊时，阿苏才知道待铺并不是固定的小站，平常除了一些跑长途的货车司机，基本上就没什么人来这里住宿。这个时候外面有个大嗓门的男人在喊一个古怪的名字，老板娘听了以后慌慌忙忙跑了出去。阿苏走过去把门关好，木质的门闩被一股细线吊着，发着暗淡的光泽，阿苏反反复复检查了几遍，才放心过去躺在了床上。

从山上走下来挺疲惫的，躺在床上的身体慢慢松开，油灯照耀着的屋子虽然窄小，却有种令人欣慰的温暖。独自一人的长途旅行对于阿苏来说，还是第一次，因而她有好一段时间没有入睡。旅途的经历这时都异乎寻常清晰起来，弯弯曲曲的公路，寂静的村庄，黄昏夕照的山谷……阿苏跪在床上吹熄了窗台上的油灯，这个时候，她才发现所住的这间屋子正靠着小街，从那里可以看见外面的小街，不知道为什么，阿苏总觉得当她顺着马路朝这家旅馆走过来时，一定被那学生模样的男子在这个窗口看见了。

黑暗让阿苏有机会静下心来回忆那个男子，奇怪的是，他的模样阿苏怎么也想不起来，阿苏只记得他的那只花格桶包在他背上晃来晃去，有几次他在阿苏脑子的深处模模糊糊地浮现了一下,却又迅速变为一张陌生的面孔。

空气中像是散发着一股野蒿清凉而又苦涩的气味,阿苏深深地吸了一口气,她自己也说不清楚为什么,在闻到那股野蒿味的时候,会有种置身于空山上被阳光朗照的错觉。突然,刚才在大脑里还模糊的那个男子的模样清晰起来,是他流鼻血时用食指按着鼻孔的样子,阿苏一遍又一遍地想,她在心底承认,那个男子其实长得挺英俊的。入睡之前,阿苏觉得自己那么认真地想念一个男人的模样,怀疑自己是不是喜欢上了他。即便是独自一人,阿苏也忍不住要羞涩起来,后来她把头深深地埋进枕头里,带着兴奋和幸福沉沉睡去。

夜里,阿苏从睡梦中醒过来的时候,迷迷糊糊听见汽车从凹凸不平的泥地上辗过来的声音。

第二天一大早,阿苏走出旅店的时候,发现昨天下午在空山上抛锚的汽车,不知什么时候停靠在了小街上。陆续有旅客从小街两侧的屋子里走出来,上了长途汽车。阿苏坐在窗边,额头抵在窗子冰冷的玻璃上,她的目光一直在街道上搜寻着那位学生模样的年轻男子,可是始终没有看见他的身影。

司机在他的座位上,对坐在前排的旅客讲着他夜里修车的经历。他为他突然灵机一动排除了故障而得意。阿苏看见他突然从位子上站了起来问:"人到齐了没有?"

没有人说话。司机弯腰按响了喇叭。又等了两分钟,司机扭动钥匙,发动了汽车。不知道为什么,那低沉的马达声,阿苏听上去是那样的让人焦急,她不知道昨晚给她让铺的那个男子究竟跑到什么地方去了,这时阿苏听见有人对司机说:"人都到齐啦！"

"还有人没上车呐！"阿苏几乎是脱口而出。

司机站起来望了身后一眼，又坐了下来，他点燃了一根烟，又开始重复刚才修车的话题。阿苏心想，那人怎么还不来呢？

车厢里抱怨的声音越来越多了，这无形中给司机增加了心理上的压力，他开始烦躁地按喇叭，阿苏想象喇叭声音能抵达的距离，她希望那个坐在自己身边的男子能够听见，及时赶来。看来司机也不愿再等下去了，他发动了车子，并且狠狠轰了几下油门。

"还有人没上车呐！"阿苏几乎是带着哭音这样说。

司机最终还是启动了车子，他对阿苏不知道那人的行踪恼怒万分，他说总不能让他一车人在待铺这个鬼地方等下去吧！当汽车缓慢驶出小村的街道时，阿苏一直站着把脸贴在车窗玻璃上，她觉得像是把什么东西给丢在待铺了。

其实汽车驶出街道不久以后，就能看见一位学生模样的男子站在路边招手，司机骂了一声之后，不顾阿苏的惊叫，故意驶离那人几十米远才停了下来。"他是你的什么人啊？"司机停下车之后，站起身来问阿苏。阿苏顾不得回答司机的问题，她的目光，一直望着从车后赶上来的男子。

天已经大亮。公路的两侧，是平整的稻田，一条不大的溪流，与公路结伴向前延伸。男子坐在了阿苏的身边，他的脸色有些苍白，阿苏不知道昨晚他在什么地方过的夜，但肯定没有睡好。本来在见到他之前，阿苏一直觉得要向他道谢的，可这个人坐在了身边，阿苏红着脸想和他说几句什么话，又不知道说什么好,况且车重新启动后不久,他就靠在椅背上睡了过去。

旅途中阿苏不时会去想身边这位男子昨晚的经历,他也许是睡在露天的草垛上,也许是睡在人家的马棚里。阿苏心想,要是昨晚自己在街口那里喊住了他,那情形会是怎样呢?

靠在椅背上的男子也许是太困了,他的头耷拉了下来,滑落在了阿苏的肩上。阿苏用余光看了看男子,心里紧张得要命,浑身都在轻轻地抖动,然而她却没有把肩头移开。

汽车经过江底之后,阿苏身旁一直沉睡的男子突然醒了过来,他对阿苏说,我换到窗边坐一会儿好吗?

"你又淌鼻血了?"阿苏低声问了一句。

"我想看看江水!"他说,然后就把头伸出了窗外。

车窗外面,牛栏江悄无声息地流淌,当汽车沿公路爬高以后,江水就像一条发光的绸带,感觉往远处飞上了天空。

"谢谢你啊!"阿苏红着脸说。

"不用客气!"男子说,侧过脸来微笑着望了阿苏一眼。

"多少店钱?"阿苏不敢看男子,小声地说,"我得付给你!"

男子像是没有听见阿苏的话,他贪婪地望着外面的风景,当再也看不见牛栏江以后,他把头从窗外缩了回来。"我还从来没到过江边!"男子对阿苏说,"开学的时候到成都去转乘火车,可以看见金沙江。"

"可以看见长江!"阿苏纠正说,"从宜宾起就叫长江了!"

"你到过江边?"

"在江边生活了十多年哩!"阿苏说,"从我们的县城再坐两个小时的船就到新石镇了,那儿到峨眉山只要半天的时间。"

待 铺

汽车驶上高原之后，汽车的速度加快，年轻男子一动不动望着窗外，古镇朱提就在前面的坝子里，长途旅行已经接近了尾声，阿苏答应暑假结束的时候，在县城等他一起去爬峨眉山。

那是一九八一年夏天的事情。

再次来到待铺的时候，阿苏一点也认不出这个小站了。仅仅是十多年的时间，记忆中的小镇已经面目全非。阿苏看见汽车驶进了一个她毫无印象的繁华小镇，"待铺到啦！"司机说着刹住了车。等他打开车门跳下车去之后，阿苏呆呆地望着车窗的外面，当年在待铺住过的情景仿佛浮游在虚空，让人难以置信。车窗的外面，阳光明媚。简易的影院、车站、卖杂货的店铺，一切都那么真实可信，可阿苏觉得这个小镇，自己从来就没有来过。

过了一会儿，阿苏看见货车司机从街对面走了过来，他的手中拿着几个梨子，透过车窗玻璃从他的头顶看出去，阿苏发现路边的水泥牌上，有蓝色油漆写着的"待铺"两个字。阿苏突然感到有些恍惚，她似乎在空气中，闻到了记忆中的野蒿那苦涩清凉的味道。

"今晚我就住在这里了！"阿苏心想。

那年夏天，阿苏在朱提古镇与那个年轻的男子告别之后，继续乘坐长途汽车回到了江边的县城。整个暑假，阿苏都心神不宁，她常常没缘由地跑到江边，一坐就是半天。盛夏，洪汛期开始了，江水成倍地增长，从上游下来的无数漂木，被洪流裹胁着，极其严肃地流过阿苏的视野。

孤　证

　　暑假快结束的时候，有人对阿苏说，县城附近的江面，有客轮撞上了漂木，沉没了。当阿苏听到消息赶到江边去的时候，已经看不见客轮的身影，阿苏看见的，依然是那些从容自如的漂木和浩浩荡荡的江水。

在温暖中入眠

一

傍晚,席叔来到南门车站,天空开始飘起坚硬的雪粒。对丹城这座南方城市来说,只要天空一飘雪,就意味着一年的日子剩下没几天了。席叔望了望微微有些发红的天空,他看不见雪粒怎样掉下来,却能感觉到它们落在脸上那种针尖一样的寒冷。

孤身一人的席叔半年前被检查出肝硬化,用医生当时的话说,已经没几天了。但粗糙得像块岩石的席叔竟然一天天熬了过来,就像和命赌气一样,席叔强迫自己一定要活到新的一年。人一旦有个目标,衰弱的身体里就会有种东西支撑着。现在新的一年近得已经看得见了,席叔就如同一个长跑的人,在快接近终点的时候,和命抗争的那股气也就一点点消失了。先前就已硬化了的肝,比半年前更硬了,疼痛的时候自不必说,就是在病情缓解的时候,席叔也感觉到他的腹部右侧像是藏了一块冰,冷冷的,沉沉的,不时对他进行着暗示。在这一年最后几

孤　证

页发黄的日子里，席叔的生命就如同寒冷冬夜的一盏油灯，只要小小的一阵风吹来，就会永远消失在黑暗中。

南门车站是丹城历史最悠久的汽车站，据老人们说，车站最初建在城市的郊区，但现在完全缩进城来了。许多年前，具体地说是三十年前，席叔正是从南门车站出来，走进丹城的。席叔的父亲是一位建筑工人，在一次事故中死了，因为是工伤，席叔得以按政策顶替他的工作。就这样，17岁的时候，席叔离开了故乡，只身来到丹城，成为一家国有建筑企业的砖工，一干就是三十年。

席叔第一次到南门车站的时候也是冬天，雪比现在下得还大，车站附近的那些建筑还大多是瓦屋，檐沟边到处挂着长长的冰凌。当时，一车人都为安全到达丹城庆幸不已，只有席叔面对这个陌生的城市，完全不知所措。那天他不知问了多少人打听了多少地方，最后才在天黑前找到他父亲生前工作的单位。

此后作为一名建筑工人，席叔曾一次次来到这里，有时他是从这里乘车回老家，更多的时候则是从这里出发去远处的工地，但都是匆匆忙忙，从来没有停下来，像第一次来丹城那样，认真地看一看这个车站。终于，当席叔再次来到南门车站时，他既不是为了回家，更不是要去远处的工地。他所在的建筑公司一年前就破了产，已经不会再有工地等待着席叔了。席叔是听人说，南门车站有很多"鸡"。在检查出肝硬化前，席叔心里想什么时候有了一笔钱，他就会到南门车站去找一只"鸡"，和她过上一夜的夫妻生活。现在席叔已经预感到他的生命没几天了，所以尽管天气寒冷，他还是来到了南门车站，想在此了却他一生最后的愿望。

席叔所在的那个建筑公司，许多工人由于长时间在工地上颠沛流离，婚姻就成了大问题，像席叔这样活了快五十年还没有碰过女人的，并不在少数，但席叔不想带着这个遗憾离开这个世界。

二

三十年前，席叔来到丹城不久，曾经爱过一个叫小美的姑娘。小美是个油漆工，每次上工地，她都会穿上那身涂满了油漆的工作服，色彩斑斓地从席叔的工棚前走过。到丹城的第二年夏天，席叔在女工宿舍外面砌乒乓球桌的时候，恰巧小美蹲在他前面的水管旁洗衣服。席叔注意到，随着小美搓洗衣服时身体的上下起伏，她胸前的那对奶子就会在圆领衫里跳来跳去。偶尔她的脖子和圆领衫之间，还会出现一个转瞬即逝的缝隙，让席叔看见小美因乳房挤压形成的沟痕。

年轻的时候，席叔常常会梦见小美，直到小美和别人结婚以后，席叔也没能彻底将她忘记。甚至到后来，席叔学会了自慰，小美还常常成了他意淫的对象。这些年，席叔一个人生活，偶尔，他会静静地想一想小美那一跳一跳的奶子来，都已经过了那么多年，可一闭上眼睛，还是那么的真切。如果想得投入的话，席叔的喉咙还会像上了把锁那样，一阵阵发紧。

天色已经完全暗下来。在离南门车站不远的地方，有一个公交车站台，席叔来了以后就一直站在那里，悄悄打量着人行道上那些走走停停的姑娘，然而却没有一个姑娘，留意站台上的

孤 证

席叔。长时间在工地超负荷地工作，使席叔的样子看上去比实际年龄要大许多。再加上席叔天生长相就显老，所以尽管他站在那里东张西望，也不会有人把他与那些来南门车站寻找快乐的人联系起来。如果此时他身边放着一堆行旅，那么他和一个刚到丹城的乡下人没有什么两样。

即使是来到了南门车站，席叔也看不出，那些从他身旁走过的人当中，谁是他想找的那种姑娘。这种情形就像是多年前，他刚到这座城市一样，不知道从哪道门进去才是父亲的单位。偶尔，那些从他身边飞驰而过的出租车还会让他感到有些目眩。后来席叔干脆靠在站台上的一根柱子上，怀念起很多年前，他曾喜欢过的小美来。

席叔最终还是引起了两个男人的注意。他们在席叔身后的人行道上，躲在一块阴影里观察了一阵，确定了席叔就是他们要找的那种猎物。经过了短暂的交流，其中一个掏出一支烟夹在手里，来到了站台上，向席叔借火吸烟。之后他借机与席叔交谈起来，并不时地抱怨天气的寒冷。等他离去以后，席叔这才发现先前的那些雪粒，现在已变成了缓慢飘落的雪花，只是眼前的街道，因为汽车的不断碾压，还看不出积雪的痕迹。气温比才来时更低了，席叔裹了裹身上那件洗得有些发白的棉衣，肝病的折磨，让他身上的这件棉衣越来越大了。

一个姑娘在那两个男人离开不久来到了站台，看她那样子，像是在这里等候公交车。一开始席叔没有注意到她，可是当站台上只有他们两人的时候，姑娘朝他走了过来。"大叔，是不是要住旅店？很便宜的！"席叔一开始没反应过来，他摇了摇头。

又一辆公交车驶了过来,在停下来的那一瞬间,两道车门几乎同时打开,车上除了司机外空无一人。等公交车开走以后,姑娘几乎已经靠在席叔身上了。"这么冷的天!"姑娘吸了吸鼻子,望着开始变得冷清的街面说,"大叔不找个人帮你捂脚?"这下席叔反应过来了,但是他没有经验,在得知自己要找的姑娘就站在身边,席叔竟然一下子紧张得说不出话来,他张了张嘴,借着玻璃橱窗里的荧光灯,看见姑娘不是很美丽,却显得健康的脸。"大叔!"看席叔没有反感的意思,姑娘走过来拉住了席叔的胳膊,"我带你去旅店,又卫生,又便宜!"

席叔有些僵硬地被姑娘挽着,离开了站台,朝南门车站旁的一个巷道走去。路上,他把双手伸在大衣的口袋里,其中的一只手紧紧地捏着的,是从下午起就装在衣袋中的五百块钱。

三

席叔是在半年前被确诊为肝硬化的,但是他有肝病的事,几年前就已是公开的秘密。"五一节"的前一天,市工会的领导来看望下岗职工,他们在席叔的屋子里发现了一块已经被磨得光滑的砖头。原来席叔每当肝疼的时候,就会用那块砖头来抵住他的肝部,以此来减轻身体的痛苦,这一招,是席叔在看电影《焦裕禄》时学到的。前来慰问的工会领导知道以后,难过得掉了泪。那天他带头给席叔捐了款,并用市工会的车把席叔送进了医院。可是当从知道自己已经没几天了,席叔就怀揣着大家捐的那五千多块钱,从医院的病床上逃了回来。

孤　证

熟悉席叔的人都知道，年轻的时候，他身体非常好。在顶替父亲以后，席叔干的是砖工。参加工作没有几年，他就成为一天能砌一万块砖的万砖能手，那不仅需要技术，还需要体力。事实上在丹城上万的砖工中，只有很少的几个人能修炼成万砖能手，席叔也因此特技被单位一次次表扬。

南门车站附近这些建筑，有很多都是席叔所在的建筑公司修建的，席叔甚至记得它的每一块砖是怎样砌上去的。但是现在，席叔故地重游，已经摸不到从前留在那些砖块上的体温了。大约从十年前起，席叔所在的建筑公司在丹城的工程就越来越少，他们被一些更为强大的建筑企业挤到了一些边远的地方，干一些别人不愿干的工程。到后来，甚至远处的工程他们也很难接到了，就这样，在一年前，席叔所在的公司破了产。

"女怕嫁错郎，男怕入错行！"席叔在下岗以后，曾这样抱怨。其实在内心深处，席叔对他能到城里来做一名砖工非常满足。但是和其他行业相比，搞建筑的人就像流浪的吉卜赛人一样，如果不结婚，这一辈子都不会有根。年轻的时候，席叔出色的工作使他成为每个施工队都抢着要的人，他常常是干完一个工程，回到丹城住不上几天，又被人要到了另外的工地。在那些远离丹城的工地，通常难以见到一个女人，甚至厕所也只有男厕。没有女人的日子，工人们便在收工以后，用酒来打发时间，席叔的肝，就是与其他工友一次次豪饮时被酒精泡烂的。

其实在席叔刚参加工作的那几年，作为一个领着国家工资的人，要从老家农村找个姑娘结婚并不难，他的很多同事就是这样的"半边户"。可那时候，席叔从一个工程干到另一个工程，从一个地方迁徙到另一个地方,当一幢幢建筑在他身后高耸起来的时候,席叔也错过了结婚的黄金年龄。

四

在南门车站一带,常常有姑娘用色相,把一些男人引诱到她们租住的屋子敲诈。通常的情况是,她们诱惑男人宽衣解带,然后将男人的衣裤随手扔在离床较远的地方,一切就绪以后,姑娘就会发出一个暗号,接下去假扮成姑娘丈夫或者兄长的人就会带人突然闯了回来,把那没吃到羊肉却惹一身骚的男人堵在屋里,然后借机狠敲那倒霉的男人一笔钱。其实这种事情报纸上不止登过一次,可是对于这些江湖中人设的套,席叔并不知道。

这一天,席叔就那样身不由己地随同姑娘在巷道里绕来绕去,偶尔巷道的对面有人走过来,席叔的身体就会紧张得发抖。姑娘倒是热情,不停地问席叔这样那样,席叔想想自己已经没有几天了,也就没想对姑娘隐瞒什么。到后来,姑娘不问了,她用两只手抱住席叔的胳膊,看上去就像是搀扶着一个病人。好不容易到了旅馆,姑娘放开席叔,到柜台那里交了二十元钱,然后领着席叔上了楼。

房间和席叔想象的不一样,屋子里面的物品零乱地堆放着,甚至床上的被子也没叠,仿佛才有客人从这里离开。就在席叔观察房间的时候,姑娘用背把身后的房门靠上了,关门声吓了席叔一跳。席叔回过头来,看见姑娘对他丢媚眼,一下就僵住了，站在床边直瞪瞪地望着姑娘。"刚才来的路上你还说从来没碰过女人，"姑娘笑着宽衣解带贴了过来，"看你那眼睛馋得像花痴！"

席叔费劲地咽了咽口水，姑娘身上散发出来的香水味，让他心醉神迷。自从知道这个姑娘就是他想找的那种人，席叔的心就咚咚咚跳个不停，一点也不像快五十的人。"你还等什么？"姑娘紧紧地贴着席叔来到了床边，用她的头顶了顶席叔的下巴，开始替席叔解棉衣纽扣。席叔此时就像在玩木偶人的游戏，一动不动，后来姑娘干脆把席叔的手拉了过去，从她敞开的衣领伸了进去，按住了她丰满的乳房。从没碰过女人的席叔一下慌了神，像是被火烫了一下，把手挣脱出来，伸进了棉衣的口袋。姑娘开始以为席叔对她不满意，可当席叔从衣袋里掏出那五百块钱，塞在她手里的时候，姑娘有了另外一种感受。"还是头一次碰到吃饭前买单的啊！"姑娘仰头亲了一下席叔，对着灯光看手中的那一张张老人头。在确定了手中的钱并非假钱之后，姑娘一脸困惑的表情望着席叔，"大叔你真是第一次碰女人啊？"在得到肯定的答复之后，姑娘站起来望了望窗外，然后迅速脱掉了身上的衣裤，钻进了被窝。"我们做快一点！"姑娘把头露在被子外面催促着席叔。

姑娘光着身子钻进被窝前的样子让席叔想起小美来，席叔感觉到身体的力量似乎都在往一个地方聚集。"快啊！"姑娘催促他。席叔在姑娘的鼓励下终于下定了决心，他突然站了起来，几步跨到了门边，还没等姑娘阻止，席叔已经拉熄了电灯。屋子里一下黑暗下来，在经过片刻的宁静之后，姑娘幽幽地对席叔说，你不该把电灯拉熄！

果然就听见有人在撞门，席叔在慌乱中只得又跳起来拉亮了电灯。在他身后，姑娘把席叔给她的五百元钱抽出三张来扔在了床的夹缝中。

五

那一天撞门进来的不是那装扮成姑娘丈夫的人，而是两个头戴钢盔的警察，其中一个手里还抬着相机，对站在床边呆若木鸡的席叔拍了照。姑娘原先以为进来的是那个假扮她丈夫的人，后来她曾经对席叔说，她与那俩人约定过，以熄灯为暗号，没想到闯进来的人竟然是警察。本来，姑娘在席叔拿出那五百元钱递给她的时候，她曾想让席叔赶快办完事走人，没想到席叔拉熄了电灯，也拉掉了自己的好事。在看见进来的人突然变成警察，姑娘吓得整个人缩进了被窝，但是被窝被随即进来的警察一把掀在了地上，这样一来，姑娘只好把身子背过去，用两只手捂着她丰满的奶子。

事情发生得太突然了，席叔有些不知所措，他懵懵懂懂地站着，姑娘那对在他眼前晃过的乳房，让他想起了小美。

闪光灯对着席叔和那姑娘又闪了几下，之后席叔与那姑娘一同被带到派出所审讯。后来席叔才知道，就在他尾随着姑娘上楼以后不久，警察在楼下抓住了那两个自以为得计的男人。在一间空荡荡的屋子里，两名警察坐在审讯桌的后面，把亮得刺眼的碘钨灯打在席叔的脸上，而他们则躲在碘钨灯后面的黑暗里。沉默了一会儿之后,宽脸的那位警察用笔重重地敲了敲桌子,声音低沉地对席叔说:"说说你今晚都干了些什么?"

事已至此,席叔只有老老实实作了交代,他把自己怎样来到南门车站,怎样碰到姑娘,又怎样跟姑娘上了楼的事告诉了警察。但那两个警察根本不信,反说席叔不老实。窄脸的那位警察在审讯的过程中,不停用电棒拍打着手,后来他干脆把那电棒对准了桌上一只蟑螂,席叔看见有一股青烟从碘钨灯旁升了起来。"我们拍得有照!"窄脸警察威胁说,"你不承认也没关系,反正我们有证据在手!"席叔不知该怎样解释才能让他们相信,他承认这天晚上来南门车站为的就是找个姑娘干那种事。"可我什么也没干成!"席叔委屈地说。听席叔这样为自己辩解,窄脸警察声音高了起来,"没有干成?我们进去的时候那姑娘可是赤条条躺在被窝里!"

碘钨灯的光非常强,照在席叔苍白而又瘦削的脸上,让他几乎睁不开眼睛。早些年在工地,席叔对碘钨灯并不陌生。那时为了抢工期,几乎每个工地都会在夜晚到来时,用这种灯照射着施工。现在坐在审讯室里,席叔产生了上了工地的错觉。这时宽脸警察小声地对席叔说,"你只要交五千块的罚款,我保证不把这事捅到你单位去!"

席叔这时才发现,握着电棒的窄脸警察不知什么时候离开了审讯室,面对眼前这个看上去显得面善的警察,他委屈地说,"今晚我真是没干成什么啊!"

警察伸出手去压了压碘钨灯,让席叔的双眼暂时避开了强光。"你要好好想一想,如果这事捅到你单位会有多严重,你的名誉，你的家庭，甚至你的子女在别人面前也抬不起头来！"

"可我没有钱！"席叔说，"给那姑娘的五百块钱还是同事凑给我看病的，何况我只摸了那姑娘一下。"

窄脸警察提着电棒重新回到了审讯室，他听见了席叔的话。"你才摸了一下？"他再次用电棒把桌子上的蟑螂电击出一股青烟，"那姑娘都承认了，说你瘦虽瘦，却很有肌肉！"窄脸警察冷笑着嘲讽席叔。

席叔一听就着急起来，"天地良心！"他用手指了指天花板，正准备用一串恶毒的言语来证明自己的清白，可是肝却不争气地疼痛起来。"哎哟哟……"席叔双手捂住肝部，像古代的仕女做了个万福，后来他蹲了下来，一只脚跪在了地上，把他的肝，抵在了审讯室中央的那只凳子上。

"这老头是个油子！"手提电棒的窄脸警察阴沉着脸走过来，对着席叔的头举起了电棒，可是他看见了席叔头上密密麻麻爬满了豆大的汗珠。

"看样子他不像是装的！"窄脸的手软了下来，回过头去对宽脸说。

六

席叔和姑娘都被关进了拘留所，但几天以后，席叔就被放出来了。警察们发现，他们把席叔抓进拘留所纯粹是件吃力不讨好的事。就要过元旦了，忙了一年的警察都想休息休息，看席叔那样子，仿佛随时都可能死在拘留所里，真是那样的话，五千块的罚款收不到不说，还可能带来不小的麻烦。

席叔出来的这天，天空仍旧飘着雪花，拘留所大门旁，有人正在张贴元旦对联。当席叔得知那姑娘还被关在拘留所里，并且还将关很长时间时，他提出花五千元，把姑娘从狱中保出来。把席叔他们抓进来的两个警察当然高兴，其实他们抓嫖，很多时候都是为了罚款。所以宽脸让席叔赶忙把钱交来，在下班以前，把这件事办掉。

就在席叔替姑娘办保释的时候，姑娘坐在拘留所里，用天下最恶毒的语言咒骂那两个不得好死的男人。他们中的一人是鸡头，平常总以姑娘的男朋友自居，姑娘只要不出台的晚上，几乎都是与他住在一起。另一个男人是鸡头的老乡，姑娘认识他不久，却也让他在自己身上讨了不少好处。按照常规，出来坐台的小姐一旦被抓了进去，鸡头都得负责花钱把她赎出来。姑娘伤心的是，如果没有人把她保释出去，那她就不能在春节的时候回四川老家，看寄养在亡夫父母那里的孩子。

看到把自己保出来的人竟然是席叔，姑娘在经过短暂的惊诧之后，心里感激得要命。出了拘留所，她死活要跟席叔回去。"你为救我花了五千块呐！"姑娘说，"哪怕伺候你一夜也行，否则过年的时候回四川，坐在车上都不踏实。"

席叔原本想拒绝，但是在大牢里蹲了一个星期后，他突然发现凭他一个人的力气，似乎已是很难回到家了。

姑娘扶着席叔离开拘留所来到了大街上，不知情的人，还以为他们是对父女。年终的大街，到处挂满了红色的灯笼，不少单位的大门上甚至插上了彩旗挂上了彩灯，只是街上的行人少了下来，在一年最后的一个下午，天气又这么冷，许多人都提前回了家。姑娘最初建议席叔打车回去，但席叔不愿意那些曾给他捐过款的同事看到他打的，决意要坐公交车回去。

席叔住的地方在丹城北郊的一座小山头上，原本是公司的一个仓库，堆放施工用的脚手架和钢模。后来随着公司工程越来越少，仓库闲了下来，被隔成一间间十多平米的小屋，分给像席叔这样至今仍然单身的老职工。在这座小山头的四周，也都是些不景气的工厂，而且大多已停了产，在这寒冷的傍晚显得越发的冷清。天很快黑了下来，姑娘搀扶着席叔从公交车站台回到席叔的住处，一路上几乎就没遇到什么人。

自从搬到这里居住以后，席叔的屋子里还没有来过女人，它永远是那样的黑暗、阴冷而又让人压抑。有了女人就不同了，屋子立马就活了起来。姑娘是个做家务的好手，她让席叔坐在床上，然后风风火火替席叔收拾起家来。没用多久，她就让席叔的家变了个样，还烧了炉火，开始为席叔做晚饭。看她那么忙碌，席叔就挣扎着和她唠些家常，想知道她为什么跑出来做这一行。姑娘告诉席叔，她很小的时候父母就死了，此后一直跟着祖母生活，再后来祖母也死了，一个木匠收养了她。在交谈中，席叔得知姑娘为了报答木匠，长大以后嫁给了他，但是没过两年，木匠在一次车祸中丧了命，那时他们已经有了女儿。

"我想让她以后好好地读书，不要像我这样子，所以才出来挣钱。"姑娘说。

"在你们老家不是也一样挣钱？"

"不想让她长大后知道我用身体挣男人的钱！"

"你们也不容易！"席叔说。

"那天你出手就给五百，一点也不像嫖客，"姑娘说，"再说我也不值这价！"

姑娘发现席叔常常是说不上几句话，就累得气喘不过来，她于是让席叔躺在床上，边做事边给他讲四川老家的事。

吃饭的时候，席叔的精神看上去比先前好多了，他甚至在吃完饭以后，对姑娘谈起了很多年以前他喜欢过的小美，讲他当初是怎样顶替父亲来到丹城的，讲他干工程到过的一个个地方。到了晚上，姑娘与席叔说着话的时候，从席叔的眼睛里看出了他的需要，于是非常自然地解开了她的衣服，露出两个丰满的乳房，就像是要给婴儿喂奶一样。席叔伸出手来，颤抖着把那乳房抓在手里，可是这个时候，尽管席叔身体里面有欲望，却也力不从心了。

费了好大的劲，姑娘才把席叔的衣服给脱了。席叔说关了灯吧，这次不会有人来敲门了。屋子里黑了下来，但是借着屋外积雪反射的白光，席叔还是依稀看见姑娘脱光了衣服后那丰腴的身体。席叔说，床脚的棉絮下面还藏着几百块钱，你走的时候把它带上。他说这话的时候已经喘得不行。接下来姑娘像一只母猫一样钻进了被子，用她温暖的身子抱住了骨瘦如柴的席叔。席叔不禁有了些感叹，要是自己年轻的时候就有姑娘这样钻进被子，那会是多么的幸福，但是现在自己被一个年轻姑娘抱住竟然无力去做，两行浊泪顺着他的脸流了下来。姑娘说："实在不行的话，我给你推油，要不用手给你打个飞机？"

席叔紧闭着双眼，他仿佛一下子回到了三十年前。阳光是多么的美好,工棚后面的那棵榆树上,有两只蝉正不停地嘶鸣,蹲在水管边洗衣服的小美站了起来,跟随着席叔钻进了工棚。在姑娘的全力抚摸下,大脑中小美的面孔越来越清晰,席叔的反应也越来越明显,那个时候,外面远远地传来人们迎接新年的鞭炮声,席叔终于在那爆炸声中抵达了高潮,然后在温暖的满足中永远地睡去了。

米酒店老板的女儿

世间的很多东西，皆因幻想而变得美丽。

——题记

阿胡在故乡度过了他整个童年和部分青年时光，那一天天极为相似的生活，让他在平静中慢慢嗅到死神的气息。在老家屋子的窗边，他目睹了对面群山无数次季节的更替，如同一部影片，在他面前展示着它有限的画面。以至于从昆明大学毕业之后回到故乡不久，阿胡便把那扇窗户彻底钉死。在那从此黑暗下来的屋子里，堆满了他赖以活下去的全部书籍。阿胡常常坐在屋子的墙角，一边抽烟一边设想出走远方的事，那烟蒂红红的火光映照着他书架下面若干姿态各异的空酒瓶。阿胡在昆明读书时曾眷念过一位纯洁的女孩，那时他常常因为怀念女孩的缘故内心格外充实。然而一九八七年到一九九〇年的秋天，阿胡回到故乡以后，只能凭借着烈酒来感知越来越无法感觉到的女孩。而那些书架下横七竖八的酒瓶，忠实地替他收藏着对那个女孩的思念。

那个女孩是一个米酒店老板的女儿。

阿胡第一次见到米酒店老板的女儿是七年前的冬天，那年的大雪一直延伸到南部长满攀枝花的地方。冬天的时候，北方的城市开始重温一年中最宁静的日子，而大雪覆盖下的昆明，却涌动着一股难以按捺的激情，几乎所有的人都离开温暖的屋子，到雪地上撒欢。那是一九八三年的冬天，阿胡无论在昆明的什么角落，都能看见人们在雪地里摆弄着天真的姿势。以积雪为背景的各式照片，被这座城市的人们普遍收藏，作为他们一生中最美好的回忆或向孩子们讲述往事时必要的佐证。而阿胡的老家——滇东北的高原，那儿的冬天只有不下雪才是使人吃惊的事。因此当大雪降临昆明，阿胡平静异常，他常常站在窗边，凝视着室外缓缓降落的雪花。那个时候阿胡还能回忆起故乡临街的那幢老式木板房。当冬天来临时，那幢古老的屋子里会燃起红红的火炉，远在异乡的阿胡，只有在此时才感觉到那种飘飞的雪花带来的乡情。

那年冬天一个平常的日子，阿胡裹住他那件中学时代保存下来的旧棉衣内套。因为纽扣全部掉光的原因，阿胡不得不把双手伸在口袋中紧紧捂住棉衣的下摆。他去米酒店的路上一直紧缩着脖子，以便让棉衣更多地替他遮挡风寒。一九八三年冬天，云南师大围墙外灰暗的路灯下，阿胡一次次幽灵般地经过这里，他嘴里不停地冒着热气。那个画面以后他回想起来，总爱产生听到俄罗斯乐曲的幻觉。

站在街口，阿胡远远就看见米酒店门外的雪地上撒满橘黄色灯光。而店两旁的商店在冬日寒冷的夜晚，大多早早关门停业。阿胡还清晰地看见无数重叠着的脚印，构成了一条奇特的路，由北环路延伸到米酒店那里。像往常那样，阿胡低垂着头，心事重重地走上米酒店的台阶，然后用力跺跺鞋上的积雪，这才发现售票桌后面坐着一个异常美丽的女孩，看上去十五六岁的样子。在她身旁燃烧着的，是冬天令人向往的火炉。

阿胡稍稍迟疑了一下，他在想这样的米酒店，怎么会有一个如此美丽的女孩呢？

"给一碗米酒汤圆。"阿胡说。

"哎！"小姑娘十分认真地答应了一声，忙低下头去撕票，那股子认真劲，带给了阿胡一夜的好心情。此后的若干年，阿胡只要感到冬天来临，就能清晰地回忆出这个冬日所有的感觉。在过去漫长的时光中，无数的白天和黑夜就那么漫不经心地过去了。那些没能给他留下任何印象的日子，让他大脑中常出现大片的空白，仿佛从未在那样的日子置身于这个世界。

阿胡隔着火炉拉长身子端柜台上的汤圆，因为身子倾斜得厉害，他的棉衣下摆搭在火炉上，米酒店老板的女儿慌忙替他牵住，稚气的脸上有着那种令人心醉神迷的笑容。

阿胡是在端过汤圆时，才发现棉衣的下摆有些异样，忙低头去看。米酒店老板的女儿在碰到阿胡的目光时脸蓦地红了。她慌乱地垂下头去，并把手掌伸在火炉上不住地翻动。阿胡低下头的瞬间，恰巧看见姑娘扬起的脸。小姑娘长着一双微微内陷的眼睛，她的嘴唇新鲜而又富于光泽，阿胡心想这恐怕就是所谓处女的嘴唇吧！自此以后，他只要一想起米酒店老板女儿的嘴唇，就会感到自己也变得异乎寻常的纯洁。

好一会儿阿胡才说了声谢谢,小姑娘朝阿胡腼腆地笑了笑,蠕动的嘴唇像是想说什么,可话到嘴边却没说出来。

冬日大雪纷飞的夜晚,米酒店里冷冷清清的没有太多的人。阿胡拖了凳子在火边坐下,对姑娘说,"今年的冬天好冷。"

"我长这么大还没见过这么大的雪呢!"米酒店老板的女儿抬头望了望门外,阿胡顺着她的目光看过去,那条落满积雪的道路在店外寂静地延伸过去,最后消失在远处暗淡的建筑中。

"在我们那儿雪会下得比今晚更大!"阿胡说。

"你老家在哪儿?"

"在昭通,离这儿五百公里。"

"天气预报上总是你们那儿最先下雪,只是不知雪最大的时候能积多深。"

"唔,"阿胡抬起头望着米酒店低矮的屋檐,像是在仔细回忆一件久远的事,然后说,"民国十一年,也就是一九二二年,大雪整整下了三个月,积雪差不多这么深。"阿胡站了起来,伸手在胸部高度比了比。

"哇,这么深的雪!"

"人在街上走,两旁都是雪砌起来的围墙,"阿胡说,"不过那时你还没出生,不会知道的。"

"你也没出生呀!"小姑娘本是极专注地听,突然失声笑了起来。大雪在昆明的上空漫天飘舞,许许多多房屋在这夜晚沉寂下去,然而谁能说那些屋子在这个寒冷的冬天不会充满温馨呢?天气的恶劣让人们自觉不自觉地相依为命,南国的冬夜也是一年中最为宁静的日子。阿胡在这样的夜晚坐在火炉边和小

孤 证

姑娘聊天，竟成了他一生难忘的事。

"我当然也没有出生，不过老人常这么说。"阿胡说。

小姑娘在阿胡说话时一动不动地看着他，使得阿胡不得不回避着她的眼睛。那微微内陷的眼眶中深藏着的黑色眸子在火光下异常明亮。这年冬天，米酒店老板女儿美丽的笑容给阿胡带来了整个冬天的温暖。

一九八三年冬天，大雪在云南北部山区旷日持久地下。积雪封锁了所有通向阿胡故乡的道路。同宿舍的校友都是南部低纬度的人，寒假开始时都离开学校回老家去了，此后那个显得有些漫长的寒假，虚构和米酒店老板女儿的爱情故事，成为阿胡最为幸福的事。

后来阿胡打听到，米酒店老板的女儿是高中低年级学生，她只是偶尔才到父亲的店内来帮帮忙，尽管阿胡常常在夜晚去米酒店，但那个寒假阿胡再没见到她。

一九九〇年的秋天，阿胡乘坐的汽车抛锚在空山顶上。那个下午，他透过杉木树彼此间的空隙，注视着不远处养蜂人的帐篷，阿胡回忆起了自己同米酒店老板的女儿那次短暂的相逢，并且在此后的旅行中，虚构了同她生活在养蜂人帐篷里的画面，阿胡当时觉得，他愿意与那姑娘在这样的帐篷里厮守一生。

阿胡最后见到米酒店老板的女儿是一九八七年的夏天，就在他毕业离开昆明的前一天晚上。在此之前差不多有一年，阿胡没见过她。店主告诉阿胡，说女儿因高考落选，到专县一个当教师的亲戚家补习去了。但是在阿胡离开昆明前的那个晚上，米酒店老板的女儿又重新坐在店门外的太阳伞下帮父亲卖票。

夏天来临,米酒店的顾客比往常多许多,阿胡过去曾经有一个愿望,就是自己毕业的时候向她要张照片作为纪念,同时送给她一件礼物,但到这个时候,阿胡却怎么也开不了口。去年的夏天,阿胡在故乡的菜园里收集过一些黄颜色的小花,并把它们装在一个牛皮纸信封里,准备送给米酒店老板的女儿。这种黄色的小花,在阿胡的老家被称为"夜开门",它是一种非常羞涩的花,总是在暮色降临时才会开放。将这种花朵采撷下来夹在书本里,水分干了以后便宛如一只只黄色的蝴蝶,非常美丽。

阿胡最后一次去米酒店,与其说是去最后见见她,还不如说是去把这些黄色的小花送给她。可是夏天到米酒店吃米酒的人很多,姑娘忙得不可开交,她是在收了钱把票递给阿胡之后才认出他来,于是微笑着点了点头。

"好久没见了。"阿胡说。

"我到乡下去了。"姑娘已经长大了,依然好看的一双眼睛,给阿胡带来了一种说不清楚的压力。

"试考得怎么样?"

"考得不好。"米酒店老板的女儿腼腆地摇了摇头。

阿胡把装有小花的信封放在票桌上,信封口正对着她。米酒店老板的女儿看见从信封中探出头来的花朵,很高兴地拿了一朵在手中。

"太漂亮了。"她说。

"那送你好了。"

"真的？"

"只是别随便扔了。"

"怎么会呢！"姑娘一边说一边低头去弄那些小花。乌黑的头发沿脸颊低垂了下去，洁白的脖颈映入阿胡的眼帘。

已经是大姑娘了，阿胡心想。

"那谢谢啦。"她一脸快乐的表情。

阿胡端了米酒以后，默默地坐在店中，夏天的夜晚米酒店门外的小巷中行人往来穿梭，米酒店老板的女儿不时朝阿胡这个方向张望，碰到阿胡的目光时她就有些羞涩地笑笑，样子比过去更美了。想想自己以后将在另外一个地方忘情地思念她，阿胡的内心突然有些沉重起来。

当阿胡离开米酒店时，米酒店老板的女儿小声叫住阿胡："今晚的米酒不收钱。"她把钱递还给阿胡小声说道。

三年以后，阿胡乘坐的汽车终于突破了黑暗驶入市区那一片光明之中。阿胡下车以后沿人行道朝前走了二百米，那地方有5路车的站牌。阿胡准备到西站去。

站台下站有五六个人，一例都侧头看车来的方向。而站台对面那排铁架上竖着的，是若干巨大的广告宣传画。其中几张是新片预告，阿胡在不久前的晚报上看见过它们的放映时间。仅只是短短几年时间，这座城市已经让阿胡感到十分陌生，以至于他很难回忆出小巷里米酒店的模样，但米酒店老板的女儿坐在票桌后的姿势，即便有些模糊，也让重新回到昆明的阿胡激动不已。

昆明西站附近因建立交桥显得十分混乱，过去热闹的商铺和摊贩已经不知去向，因此显得格外的冷清。或许是所有的繁荣都得建立在这种萧条和悲凉之上吧。站在街口的阿胡，听见工地上传来几声钉木板发出的单调又沉闷的声响，这声音不知怎么，竟让阿胡心中掠过一种不祥的预感。

这天晚上，重新回到昆明的阿胡小心翼翼地沿环城北路向米酒店靠近，街道的中央刚挖掘出来的一条大沟灾难般朝前延伸，环城北路和米酒店所在的小巷呈九十度直角，阿胡在拐向小巷的地方停了下来，他的脑中回忆起几年前在附近新建设影院看过的那场日本电影《幸福的黄手帕》。此时，高仓健冷峻的面孔上那双等待命运裁决的眼睛以及小屋外飘飞着的无数黄颜色手帕同时清晰地浮现在他的脑海里。

然而当阿胡加快脚步走进小巷的时候，他发现土堆和水泥预制件代替了原来的米酒店及附近的那排商店。那种极度的失望让他产生一种前所未有的疲劳。

阿胡见到米酒店老板的女儿是两天以后了。

在阿胡住下的那家旅馆二楼，是个舞厅。每当夜幕降临时，舞厅里那充满诱惑的乐曲总是一次次顺着墙壁爬到阿胡的房间。一向不大进舞场的阿胡却也忍不住想到里面坐坐。他要了杯咖啡，选择了个僻静的位置，有些恍惚地望着舞池里旋转的人群。舞厅里那柔和的灯光和如泣如诉的曲子，让他不停地幻想着见到米酒店老板的女儿那一刹那的情景。

霓虹灯不停地转动，周期般在阿胡身后洁白的墙上撒上若干光点，那些光点如同冬日的雪花从墙上一晃而逝。而舞厅里弥漫的差不多都是节奏缓慢的轻音乐曲，这种哀婉缠绵的旋律让阿胡回想起空山顶上随风飘飞的落叶那美妙的姿势。秋天过去以后，漫长的冬季就要来临。那个时候即便像阿胡这种离家出走的人，也会为自己漂泊天涯而暗自神伤。

阿胡独坐在舞厅里，在一个喧嚣的地方，忘情地想象着见到米酒店老板女儿的情景：

仿佛又到了冬天，大地白茫茫的一片，阿胡把手揣在口袋里，依旧如从前那样裹住大衣踩着积雪来到米酒店的房檐下，身后不远的路灯下，雪花尽情飘舞。米酒店老板的女儿，在这个冬日的夜晚，默默地等候丈夫的归来。

"今天的雪下得更大了。"阿胡边说边抖着身上的雪花。

"头上还有呢！"米酒店老板的女儿说着，把毛巾递了过来。

门被关上了，整个世界便被拒绝在外。在那间温馨的米酒店里，俩人该干点什么呢？做做吃的，在火炉边聊聊天，或者⋯⋯

舞厅里的音乐慢慢地小下去了，紧捆在一起的舞伴迫不得已松开，都纷纷下到场边来找座位。阿胡沉浸在对米酒店老板女儿的美妙幻想中，以至于当米酒店老板的女儿真的坐在阿胡身旁的凳子上时，他竟然没能够发现。

"像是在哪儿见过你？"她说，样子很大方。

"嗯！"阿胡回过神来看见是她，心顿时像跳到口腔里，支支吾吾说不出话来。那情景如同初次做贼恰巧又被抓住，狼狈不堪。

"来这儿跳舞？"米酒店老板的女儿把阿胡当成了前来寻欢的客人。

"哎。"阿胡兀自紧张得要命，以前设想的那些见到她要说的话全部卡壳。

"那就起来跳吧！"米酒店老板的女儿站起来，阿胡只得跟她进舞池机械地迈动着步子。其实以前阿胡也能熟练地跳交际舞，但此刻他无论如何也踩不到节拍上，他的脚僵硬得不知先迈哪只才好。

"别紧张。"米酒店老板的女儿一边说，一面用力捏了捏阿胡的手。一种奇异的感觉瞬间传遍了阿胡的全身。阿胡下意识地搂紧她，心中充满着实在，仿佛一直飘荡的灵魂在和米酒店老板女儿接触的时候找到了归宿。

"第一次来？"她问。

"第一次。"

"看你的样子就知道。"

米酒店老板的女儿带着阿胡旋转到舞厅门口时，那只搭在阿胡肩上的手突然伸开，在阿胡的眼前晃了晃。阿胡不明白是什么意思，便微笑着点了点头。

一曲之后，她领着阿胡坐在门边的椅子上。"我在哪儿见过你的。"她说。本来，阿胡想告诉她，几年前，他常去她父亲的米酒店，但看她努力回忆的样子，阿胡反而不说了。

米酒店老板的女儿把身子侧了侧背对着舞厅，然后一动不动凝视着阿胡的眼睛，慢慢地她把裙子掀开一角，阿胡发现她洁白的大腿和丝袜之间，令人惊讶地夹着一张纸条。

孤　证

阿胡怔了一下，突然反应了过来。望着她那张尚存一丝稚气的脸，阿胡如同从高楼突然失坠，全身蓦地冰凉下来。他的手狠命地抓住扶手，大脑一片空白。

"我有地方，就在楼上的屋子。"米酒店老板的女儿站起来挽住阿胡的胳膊。阿胡茫然地跟着她来到楼上的客房，在此之前的两三年里，阿胡曾经不止一次憧憬过被米酒店老板的女儿温柔地挽住手臂，然而现在，当她像情人一样依偎在自己肩上的时候，阿胡感受到的不是甜蜜，而是一种揪心的疼痛。

进了屋子，米酒店老板的女儿用肩膀熟练地把门靠上，然后站在阿胡的面前认真地说："一百，外加二十……"她用手指了指卧室。阿胡顺从地点了点头，他发现米酒店老板的女儿眼睛里从前那种光泽已经消失殆尽，心里不免感到非常难受。

阿胡把两张面额为一百的票子递给了她。"不用找了！"阿胡说。米酒店老板的女儿略微诧异了一下，随即踮起脚来双臂挽了个圈套住阿胡的脖子，嘴唇便贴了上来。这个时候，阿胡的脑子中清晰地浮现出多年以前，在米酒店那炉火映照下，女孩新鲜而富于光泽的嘴唇来。

阿胡被动地感觉到她的舌头在自己口腔里冰凉地滑动。有一瞬间，阿胡忘掉了是在这样一个环境中拥抱着她，米酒店老板的女儿头上的发丝摩挲着阿胡，让他产生一种置身于树下有叶子飘落额上的感觉。伴随而来的还有女人特有的体香。这让阿胡联想到无边无际的稻田里稻穗波浪一般朝前延伸的情形，也远镜头般让阿胡脑子里闪现出到昆明读大学时的最初岁月。

阿胡用力握住她的肩膀，目不转睛地注视着她的眼睛，良久，她的瞳孔里才倏地掠过一丝羞涩。这是今晚阿胡看到的最纯洁的目光。看到这目光阿胡突然有些难过起来，他有些可怜米酒店老板的女儿，同时又可怜自己。

"我会尽力让你满意。"她轻松地笑了笑，然后从壁柜里拿了浴巾到浴室里去了。看着她进浴室的身影，阿胡突然感到从未有过的绝望，于是顺墙壁坐下失声痛哭起来。

这时浴池里响起哗哗的流水声。

楼下的舞厅里旋律依然坚强不息地爬上来，是那首《昔日重来》，但阿胡想昔日是无论如何不会回来了。

阿胡好一阵才泪流满面地抬起头，他仿佛又看见空山顶上那些轻盈飘舞的黄色蝴蝶，那寂寞燃烧于远天的太阳和那碧蓝的天空。阿胡把那只从老家带来的信封从内衣口袋里小心地拿出来。信封内装有几年前送米酒店老板女儿的那种黄颜色花朵。阿胡把信封有褶皱的地方用力压了压，然后捏住信封的两个边缘。那些黄颜色的小花朵被均匀地撒在浴室门口，粉红色的灯光下它们闪耀着纯洁的光泽。

阿胡把这些小黄花撒在浴室门口之后内心变得异常平静，他站起来双手抚摸着浴室的门把儿，头朝上面靠了靠，然后怕吵醒婴儿似的轻轻带上门出来。

这个季节，昆明夜晚的天空无法呈现出空山顶上那一方透明的蓝。站在楼下的人行道上，阿胡转过身去，久久凝视那间粉红色房间，突然想起陈先发的诗句：

孤　证

……
所谓痛苦
就是那人走了很远以后
你还回过头去看了一下

日常生活的景象（三题）

兄　弟

　　那伙扛长竹竿的人走了以后，围墙外的坡地上安静下来，这时一个男孩出现在那里。他穿着一件破旧的，上面有三个补丁的蓝颜色短裤。在他的背上，有一个比他小得多的男孩。他在坡地里走了一圈又一圈。男孩赤裸着的双足踩在那些在阳光照射下，已经开始变得柔软的核桃树叶上。他是在寻找那些树叶中间，是不是还会有几个被人粗心留下的核桃。男孩后来停了下来，他的双手反过去，兜住他的背上那个睡着的小男孩的屁股。男孩在那里仔细打量着天空，在他的周围，有十多棵刚刚被人洗劫一空的核桃树，现在，男孩在树下缓慢地挪动着双脚。

　　女老师尖厉的歌声从围墙里面传来，穿破午后凝滞的空气。她的歌声刚停，一群孩子接着唱道："月亮在白莲花般的云朵里，穿行……"男孩抬起头来望着天空，阳光照射过来，穿过核桃树叶的空隙，落下一地破碎的金子。

孤　证

　　有一阵，男孩把目光停在了坡地上，那上面，贴着一簇簇树荫，朝着一个方向，看上去像是被大风吹拂。男孩后来发现，树荫里是看不出核桃来的，这样，他就扬起了头，重新打量着天空。

　　围墙里突然传来清脆的铃声，一个驼背的老人站在操场边的柳树下，伸长了手中的钉锤，去敲打挂在柳树上的铁板。歌声戛然而止。围墙后面突然喧闹起来。

　　男孩后来在一棵树下发现了他要寻找的核桃，由于受到刺眼的阳光及两片树叶的保护，这棵树意外地在树叶后面藏下两个核桃来。男孩弯下腰，他身上的小男孩随即伏了下去，并且把头贴住了他的后背，看上去就像是在听他的心跳。男孩在地上拾起了一块比他拳头小的石头，他把身子努力往后一仰，右手在头部上方划了一条弧线，手里的石头飞了出去，但是石头并没能飞得很高，它在离核桃还有两米时就迅速地往下坠落，这时背上的那个更小的男孩因为抖动而咧开嘴哭泣起来。男孩停止了扔石头，他重新在坡地上缓慢地走动，并且用手轻轻地拍打着小男孩的屁股，鼻孔里还发出类似蜂群嗡嗡的叫声，他那两条裸露在短褂外面的胳膊，已经被阳光镶上了一层褐色，而那两只脚板上，裂着许多细细的口子，让人联想起最为粗糙的树皮。

　　如果此时有人站在男孩所在的那块坡地上，并且朝围墙内望去，他就将看到一所乡村小学的部分校舍，它们是用来做教室的石砌瓦屋（下面的半截隐没在围墙后面），三块驳离得坑坑洼洼的乒乓球桌，一大块极不规则的并且正在弥漫着尘土的球场，有一队十来岁的小学生在烈日下奔跑,而在球场边的篮板下,一个穿红色运动裤的青年男子把头躲在篮板的阴影里。如果你站在那里,同样可以看见围墙外那块长满核桃树的坡地。现在,男孩已经把背上那个更小的男孩放了下来,他把身上的短褂铺在地上,让小孩子坐在树荫里,这样,男孩瘦弱的上身那两排肋骨在皮肤下隐约可见。男孩现在可以把石头扔得更高了,核桃下面的那两片树叶一片已经飘落下来,而另一片被从坡地上窜起来的石头撕开了几个口子,树枝上的那两个核桃,完全暴露在男孩的视野里。

终于,男孩发出一声短促的尖叫,他看上去像一只鸟一样,朝坡地下面扑了过去,在那里,他捡得两个被石头砸破皮的核桃,随即,男孩来到了先前的地方,开始用手中的石头去拍打核桃外面那层厚厚的青皮。这样,在他低垂的额头上,我们可以发现一条明显的月牙形疤痕,如果不出意外的话,男孩头上的疤痕一定是将额头砸在猪食盆上留下的。这里有几种可能,一种是男孩在奔跑中跌倒,另外是在煮猪食时因为困顿,当然,也可能是其他原因。

几分钟以后,男孩手中的核桃已经被他褪去了青皮,男孩的双手由此被染得焦黄。他把两个核桃握在手中,让它们摩擦着相互旋转,发出悦耳的声响。在男孩用石头敲打核桃青皮的时候,太阳已经在空中移动了它的位置,先前坐在树脚下的小男孩完全暴露在阳光下,他的嘴唇上方挂着一条鼻涕龙,在他刚才哭泣的时候,我们可以看见他长着两只尖尖的虎牙。

一只蝉不知道什么时候飞了过来,停在男孩身后不远的一棵树上,在那里鸣唱。

　　围墙外面的操场上,那队刚才奔跑的小学生已经不知去向,连那个穿红色运动裤的青年男子也消失了。而在围墙后面的教室里,一群孩子正参差不齐地读着课本。

　　风悄悄地穿过坡地上的树林,那些残留在枝头的叶片摇动不停。男孩身后是一座大山,这使他坐在坡地上的身影看上去很小,现在他已经把一块石头垫在身前的地上,正用另一块石头敲击着核桃那坚硬的外壳。他头上月牙形的伤痕,在阳光的照射下泛红,如同一条爬上他额头的蚯蚓。片刻之后,男孩把那两只核桃敲开了,他把核桃仁从里面剥离出来,一共八瓣,男孩吃掉了其中的两瓣,然后将剩余的六瓣,一一喂进了他身后那个小男孩的嘴里,这个时候,小男孩再次露出了一对尖尖的虎牙。

　　斧头砍在了头上,男人叫了一声,他把手中的扁担扔在了地上,蹲了下来。紧接着,他的后背中了一斧,围墙外的人看见他扬了一下头,短促地叫了一声。然后趴在了地上。四周一下就安静了下来,阳光明亮而又空洞,照在院子中一个浅浅的潴积着雨水的坑洼里,并且折射过来,照着男人突然充满泪水的双眼,然后,他的双手开始紧紧地抠住院子里的泥土,像是要把它捏出水来。随即他的十个手指又突然松开,他的左腿的膝头,还缓慢地朝腹部收缩。现在他离那个有雨水的坑洼近了,可是他头上的血正不停地涌出来,随之流淌出来的,还有少许脑浆,看上去像是在一块劣质巧克力上涂抹了一丝奶油。而他背上的刀口已经翻卷了出来,形成两片厚厚的嘴唇。人们可以看到，在男人涂满血污的脸上。有一条月牙形的疤痕，它在男人眉弓上方不远的地方，和斧头留下的伤口连在一起了。

除了手提斧头的年轻人外，院子里已经没有其他的人，先前几个被叫来扛柜子的人，现在正躲在院子外的一棵树后面，站在他们那里，看见的是一座农家宅院，十多个人正挤在院门那里，所以他们看见的只是一座用泥土夯实的草屋，而且屋顶有的地方已经开始塌陷，上面，有一些细长的狗尾草正在摇曳。然而挤在院门中的人就不同了，他们可以清楚地看见院子里的情景：在男人躺倒的地方，那条从他手中飞出来的扁担一头担在发黑的猪食槽上，而另一头，却浅浅地陷在泥地里。人们注意到，在那潮湿的泥地上，深深浅浅地重叠着许多猪蹄印。现在一些苍蝇聚集过来，它们停在男人伤口的周围，疯狂地呼吸着那附近弥漫着腥甜的空气。如果此时有人走近死者，并且在死者身旁蹲下来仔细观察，就能发现其他人不能发现的细节：从男人头上流淌下来的血液汇聚在他身旁的一个低洼处，有几只蚂蚁爬了过来，它们站在血的湖泊边，快乐地跑跑停停。

此外，挤在院门那里的人还能看见一个笨重的木柜曾上过棕红色的土漆。木柜的腰上，套着两股食指粗细的棕绳，即使是这样，还是有不少苞谷从柜子里洒落出来，而且已经有两只鸭从墙体的阴影里钻了出来，站在木柜旁开始啄食。打斗的过程一晃而逝，它留下的仅只是眼前寂静的景象，提着利斧的青年男子仍然站在院子中，他一动不动地望着躺在地上的男子，人们可以听见他沉重地喘着粗气。在他的额头，人们可以看见一个往外凸起的肉瘤。那是半个钟头以前，躺在地上的这个男人挥舞手中的扁担时留下的,偶尔,他会于喘息之中露出两排咬得紧紧的牙齿,他那一对尖尖的虎牙给挤在院门那里的人留下了深刻的印象。这样又过了一刻钟,手提利斧的青年男子抬起头来望了望天空,然后朝院门这里走了过来,先前挤在院门那里的人突然散开,他们注视着他提着斧头沿大路越走越远,这时在不远处的学校里,突然传来一阵歌声:"月亮在白莲花般的云朵里,穿行……"所有的人都抬起头来望了望天空。他们看见的不是月亮,而是一个刺眼的火球。

在人们身后的院子里,那个额头上有疤痕的男人早已一动不动。他的耳朵贴在了大地之上,仿佛正在倾听大地的心跳。

民工李朝东

光线来自于云外,如同一个巨大的桩体,照着远处那座升起了炊烟的村庄。而在村庄以外的地方,景物正迅速暗淡下来,这时候,山脚的一排铁皮工棚里,走出一个手提蛇皮口袋的男人,他在工棚外一块铺着碎石的空地上伫立了片刻,他的跟前,是一条建设中的由云南玉溪到昆明的高速公路,由于临近春节,这一路段已经停工,几辆巨大的挖掘机和推土机生硬地横在路的中央,他现在要穿过十五米宽的公路,然后沿一条小路朝坡下走一华里,那里是玉溪到昆明的老路。

女人从屋子里出来,坐在门边的一把竹椅上,她怀抱着一个小孩,由于已经到了冬天,小孩戴着一顶棉帽,不断地用手去拉女人胸部的衣服,女人低声骂了一句,然后把头低下来,一边望着怀中的孩子,一边费劲地用手寻找衣服的下摆。这样,女人右胸上丰硕的乳房就露了出来,仅仅只是一道白光,女人怀中的小孩就把头迅速凑了上去,开始有节奏地吮吸。阳光从房子的一侧射过来,女人的影子贴在地上,朝向南方。在女人视线的尽头,是南部一带隆起的远山,此刻天色正暗淡下来,而将视线收回,女人看见的则是飘着炊烟的房屋和一些高大的杨树,在杨树与杨树之间,有一条公路朝着女人坐着的这个方向拐了过来,但是女人一直没有听见汽车的轰鸣。

提蛇皮口袋的人沿着山坡上那条弯曲的小路来到了那条六七米宽的,由玉溪通向昆明的公路。他在那里踌躇了片刻,将右手提的蛇皮口袋换到左手,最后他把它扛在了肩上,朝附近一个坡顶走去。一辆从坡顶呼啸而下的汽车带起一阵大风,肩扛蛇皮口袋的男人打了一个寒颤,在尘土弥漫的空气中紧闭着双眼。十分钟以后,他来到了坡顶,并且在那里朝公路两边张望,如果他朝左边望过去,会看见公路夹在两排白桦树中间从一片较为平坦的土地上穿过,而另一边,由于山势不断往外凸出,公路有了许多弯道,看上去就像是一条在森林里穿行的巨蟒,肩扛蛇皮口袋的人只能看见它的局部,也就是公路在山脊上突出的部分。至于他的前面,则是一个斜坡,野草从坡顶铺陈着延伸下去,接近一个波光粼粼的水库。当然,如果此时肩扛蛇皮口袋的男人把视线收回,并且转过身,那他将会看到一堵冷硬的岩壁,现在他把肩膀上的蛇皮口袋放了下来。穿过六七米宽的公路,在岩壁下的排水沟边坐了下来。

坐在门前的女人终于笼罩在一片阴影之中,院子里的地上,

孤　证

再也看不出那个朝南部群山眺望的影子。女人抬起头来，她看见院墙边那几棵杨树梢被落日镀上了一层金子。突然，女人噘起了嘴，并且从上缝里吸进了几丝冷气，她伸出手来，拍了一下孩子的脸，把乳头从小孩嘴中褪脱出来。很快，树梢上的那一层金子消失了，天色暗淡下来，竹椅里女人的脸看上去越来越模糊。

如果此时我们把提蛇皮口袋的人设想为路标，让他站起来，伸开双臂，那么他左手指的方向通向昆明，而右手指的方向当然只能通向玉溪，因此，每当车从右至左开来，提蛇皮口袋的人就会站起来拼命招手。等拒绝他的汽车驶过去之后，他又会坐下来，把蛇皮口袋放在脚边，然后非常安静地坐在风中，仔细倾听着马达的声音。

有一阵，他对侧耳倾听失去了耐性，因此拉开了蛇皮口袋的拉链，把左手伸了进去，斜倾着身子在里面探索，终于，他的手中多了一张照片，借着傍晚的天光，我们注意到，照片上是一个身体健壮的年轻女人，她穿着一件红底黑格的上装，怀抱着一个看上去只有几个月大的小孩，女人的身后，是一幅以挪威一带雪山别墅为画面的布景，这个西洋气十足的布景让照片上的女人显得非常土气。看得出来，摄影师的灯光打得并不好，照片上的女人左脸以及额头一侧的光线偏暗，她的双眼在照相机前略微显得有些惊恐。我们发现，照片上的这个女人如果将表情放柔和一些，那么她可以算得上是一个模样端庄的女人。

坐在蛇皮口袋旁的男人把照片捧在手中仔细端详，有时，不知道他想起什么，他的嘴角突然浮起一丝浅笑，可以肯定，他正在由照片进入某种他所怀念的往昔生活。有两次，他在汽车驶过之后才神经质地站起来，挥舞手中的照片，如果你当时是一个坐在汽车里并且向后张望的人，那你一定会觉得他像个信使。在接下来的沉默中，这个坐在蛇皮口袋旁的人把照片握在手中，然后开始眺望对面的群山。在北边那片裸露若岩石的山头上，阳光在那里作最后的停留。"陷入"使他的表情非常柔和，眼神里闪现着一种遥远的光芒，让人觉得他既专注又幸福。以至于当他身后的岩壁上，一块西瓜大的石头滑落下来的时候，坐在蛇皮口袋旁的男人竟浑然不觉。

女人在黑暗中坐了很久，她怀中的孩子已经睡过去了，女人能够感觉到孩子均匀的呼吸，后来女人抱着孩子站了起来，朝黑暗的门洞里走了进去，并且用脚把房门抵上。片刻之后，屋子里亮起了灯。如果说窗玻璃后面不挂着蓝底碎白花的窗帘，那么我们还可以把屋里的情景看得更清楚一些，事实上是，女人进屋以后，拉亮了电灯，然后她把孩子放在了床上，自己则坐在床边出神。偶尔她会抬起头来望着房梁上的电灯，眼睛里有种动人的光彩，接下来是，女人把自己剥得个精光，钻进了红花被面的被筒里，把手放在那两只因蓄满奶水而显得洁白丰隆的乳房上，开始了缓慢地抚摸。奇怪的是，女人常常有些恍惚地把她那只在乳房上滑动的右手，想象成为一只粗糙的，结满老茧的手。

石头恰巧砸在了男人的头上，对于来自于身后岩石上的突然一击，蛇皮口袋旁的男人没有半点防备，他被动地往前一纵，随即趴在了路的中央，他手中的照片飘落到公路上，离他的右

孤　证

手大约有一米远,而那块砸在他头部的石头,则借助反弹的力量,滚落到了排水沟里,掉在一层树叶上。

　　有好长时间没有车过来,大地安静极了,先前能见到的几处灯火,现在已经熄灭下去,男人躺在地上,被坚硬的路面托着,开始了极为缓慢的蠕动。然后他朝照片那个方向艰难爬行,从他头上流淌下来的血,歪歪扭扭像一笔狂草,涂抹在公路上。他的努力使得他和路边的蛇皮口袋拉开了距离,但是他似乎没有意识到这一点,他顽强地一点点挪动,终于伸长手指抓住了那张照片,接下去他想往回爬,由于要把身子调过来,他只得弯成一条大虾,可是他尝试了几次都不成功,最后的一次,他像一个充满气的橡皮人突然泄气,那只粗糙的、结满老茧的手把照片死死地压在了地上。

　　终于有一辆解放牌汽车打着刺眼的灯光从玉溪那个方向驶了过来,司机老远就看见一个男人躺在公路的中央,他按了按喇叭,并且恶毒地咒骂了一句,然后非常小心地从男人身边缓缓驶过。这样的情景持续了两个钟头,有数十辆车和那辆解放牌汽车一样,在这一路段没有停留。直到一辆安装有警灯的北京吉普抵达这个坡顶时情况才有所改变。

　　天空漆黑一片,借助车灯强烈的光线,坐在吉普车里的人都看见了那个公路中央的男人,车里的一个年轻姑娘,甚至短促地叫了一声。司机把车停了下来,和坐在他身后的两个人开始短暂的交谈。一开始他们以为躺在地上的是一个横穿公路的人。后来他们又认为那是一个烂醉如泥的酒徒。他们当然也看见了公路边的蛇皮口袋,它端正地放在地上,没有翻滚的迹象。片刻之后，吉普车上下来了两个人，其中一个是司机，而另外一个则穿着警服。

从他们这个方向走过去，躺在公路上的男人离他们近一些，而蛇皮口袋远一些。在男人的身边，司机和穿警服的人蹲了下来，借着车灯，他们看见了男人头上的创伤，血早已凝固，穿警服的人从衣袋里掏出一双手套，他发现躺在公路上的这个男人已经死了。司机则把目光盯在了路边的那只蛇皮口袋上，他发现，穿警服的人恰巧把车灯的光线挡住了，司机提着蛇皮口袋来到了车前，在那里，他小心而又有些谨慎地拉开蛇皮口袋上的拉链。在里面，他发现一件洗得发白的牛仔衣和一条做工很土的大裆裤，看得出来，这是死者的衣物，出人意料的是，蛇皮口袋里竟然拉出了一件水红色的腈纶外衣。司机把衣服凑在车灯前认真看了看，他发现外衣的衣襟上，绣着两朵大红色的月季，这种外衣，司机在昆明的地下商场里见过不少，他把外衣放在了地上，左手再次伸进蛇皮口袋，这次他从里面掏出一把手枪来，然而并不是一把真枪，而是一把玩具手枪，司机把枪口对准他身边的岩石，扣动扳机，一颗豌豆子的子弹射击出来，清晰地击中了岩石。

他们后来一起就男人的死因进行了探讨，当然他们也发现了排水沟里的那块石头，穿警服的人仰头朝岩壁上张望，上面黑魆魆的什么也看不见，接下去他们对尸体作了检查，由于死者弯得像一只虾，他头上的伤口很明显地呈现在车灯里，他的脸贴在地上，面孔背对着灯光。司机在死者的身上搜索了一遍，当他在死者的小腹碰到一块硬物的时候，他抬起头来说，一定

孤　证

是一个从外地来打工的民工,他们通常在回家的时候,把挣来的钱用针线缝死在内裤里。在死者的衣袋里,司机还发现了一个火机、半包云南昭通产的画苑牌香烟,而在另一个口袋里,装着一个印有毛主席语录的红色塑料封皮,里面夹着两百多元钱、一张早已过期的车票、一张由乡政府开的外出打工的介绍信以及一张身份证。司机把身份证迎向灯光,这样我们就看见了一个人的简历:姓名:李朝东,性别:男,民族:汉,出生日期:1972年8月17日,住址:四川省屏山县红山乡两棵树村,1995年12月31日签发,有效期20年。

怀抱死婴的女人

　　哭声突然响了起来,像金属一样,把其他声音区分开了。路上的行人停了下来,这样,他们就看见了那个怀抱死婴的女人,她当时坐在妇幼保健医院大门外的人行道上,忘情地开始痛哭。尽管当时保健医院旁的工地传来沉重的打夯声,尽管一些不明真相的出租车司机因驻足的人而不停地按响喇叭,女人的哭声仍然顽强地浮现出来,以一种声音覆盖在一片声音之上,钻进了人们的耳朵。最初停下来观望的人对眼前的事感到有些好奇,可是他们很快就明白,女人怀抱着的婴儿已经死掉了,这就让她的哭声听起来有了一种重量。这是昆明三月的一天中午,春天已经来临,那些停下来围观的人被女人的哭声打动,并且受制于她的悲伤。

　　黑衣人骑着车从广场那个方向过来,一边用眼睛去留意街上的姑娘,他发现冬天过去以后,姑娘们在一个晚上苏醒了。黑衣人心情非常愉快,他听见轻快的鸽哨声在天空回响,可是当他的自行车刚拐进书林街,一切都变了,女人的哭声如同口令一样,将多辆飞驰着的自行车刹住。黑衣人把自行车停了下来,一只脚踩着踏板,另一只脚踏在人行道上,隔着一条街头,注视着妇幼医院门外哭泣的女人。

停下来围观的人越来越多。没有人说话,甚至没有人叹息。黑衣人抬起头来望着天空,他看见淡淡的几丝白云,蔚蓝的天空和鸽子清亮的身影。而在黑衣人视线以下的地方,空气越发的沉重,这一切,均来自于女人的哭泣以及她怀中那个死掉的婴儿。此刻,如果仅只是一个哭泣的女人,或者单纯只是一个死在医院里的婴儿,都不足以使空气凝重。

黑衣人看见男孩行走在郊外的小路上,在小路的两侧,是插满了秧苗的水田。男孩后来进了南门,在一个名叫月牙的水塘边,男孩看见许多人围在岸边,那个一年四季坐在塘边的打鱼人钓起了一条鲫鱼。男孩将目光收回来,从人群的腿缝间钻了进去,抵达了人群的最里层,同时也抵达了一床草帘的旁边。后来,有人短暂地拉开草帘,男孩看见一个非常丑陋的男人,他的头被水浸泡得有面盆那么大,古怪的面孔让男孩身上的皮肤一阵阵发紧。

鸽哨声又一次传来,它总是每隔几分钟就回荡过来,让三月的天空纯净而高远。黑衣人把他的自行车停在人行道上,自己靠着博览书店的报栏,再次听见女人的哭声。黑衣人注意到,在围观的人群中,有一个六七岁的小姑娘,她仰着头,眉头紧

孤　证

皱,将一只摊开的小手伸在空中,黑衣人听不见她在讲述什么。片刻,站在她身边的中年男人从衣袋里掏出一张钞票,放在了小姑娘摊开的手掌上。现在,小姑娘把头转向了哭泣中的女人,她犹豫了一下,像一只猫一样,轻轻地走向怀抱着死婴的女人,然后把钱放在了女人面前的地上。黑衣人想,要是此刻那个哭泣着的女人把钱拾起来塞进口袋,那么一切都轻松了,然而女人仍然忘我地哭泣。黑衣人注意到小姑娘突然高兴起来,她跳着往回跑,紧紧地抱住了中年男人的腿。

接下来不断有人重复着小姑娘的动作,他们中有上了年纪的老妇人,有中年男人,有另外的小孩,甚至还有两个穿着花布衣裳的来自乡下的姑娘。很快,在怀抱死婴的女人面前,摆起了厚厚的一层钞票,哭泣中的女人没有留意到眼前发生的一切,她仍然像黑衣人第一眼看到的那样,把右脸贴在一个用蓝布裹成的布筒上,闭着双眼,哀哀地哭。假若布筒里那个婴儿突然活过来情况会怎么样,女人会突然停止哭泣吗?也许她会羞赧,或者是破涕为笑,然后从围观的人群中迅速地逃掉。

男孩从人群中钻出来,看见了那个叫月牙的水塘在晚风的吹拂下泛现着波光。天色暗淡下来,男孩仓皇地穿过塘堰和通向家门那窄窄的石巷,躲在了空荡荡的屋里。从黄昏到天黑。他一直把脸贴在木门上,并且从门缝里朝外张望,他看见街上的行人一点一点地减少,到后来,男孩家外的那条小街很长一段时间才会走过来一个人,但是男孩仍然一动不动地把脸贴在木门上,出现在街口的每一个人,都让期待中的男孩怦然心动。这里我们需要交代一下:男孩的母亲当时在一家街道办的纸盒厂工作。十六元的月薪使得她每天很晚才能回家,这一天,恐惧中的男孩在等待中吸进了太多的冷空气,后来他靠着木门蜷缩成一团,进入了梦乡。这一次等待让男孩患了重病,发烧,梦见月牙塘边那个大头水怪的追逐。更为严重的是他出痧了。此后的印象中,他的母亲抱着他,一次次走过家门外的那条陈旧的石板街道,去南门请一位名医看病,有几次,他差一点就死掉了,他不知道害怕,更不知道伤心,他只知道自己正沿着一个巨大的漏斗往下坠后来他重新浮了上来,听见了母亲无助的哭泣声。

男孩睁开了眼睛,他看见了两只鸽子。阳光顺着瓦檐流淌下来,将天井的另一半染成一片金黄,鸽子在阳光与阴影之间来回走动,它们迈着碎步,神态悠闲,有一次,一只花鸽跃上阴影中的一只花盆,它张开翅膀,随即又轻轻地落下。男孩感到母亲停止了抽泣,天井里安静了一阵,男孩突然听见母亲叫了一声"医生"。这一情景二十年来男孩从来没有回忆起来,突然有一天,他骑着车准备和朋友去郊游时,他在书林街口听见了一个女人的哭泣声传来,那声音像金属一样,更确切地说,像一股金线一样,在接下来的观望中洞穿了男孩的记忆。当然,此时他已是一个身着黑色上衣的青年。

后来的情景是这样的:怀抱着死婴的女人把嗓子哭哑了,她把整个脸埋在裹死婴的布筒上,肩膀有节奏的耸动。围观的人开始散去,在女人的头顶上,阳光明亮,普照着凡界的芸芸众生。黑衣人看见女人突然站了起来,低着头,紧紧地把死婴抱在胸口,朝南,离开了她刚才哭泣的地方。这时,街口卷过来

孤　证

一阵春天的大风，把刚才女人跟前的那一摞钱吹散了。黑衣人看见那些钞票在人群中穿梭，它们很快就引起了街口的一阵混乱，黑衣人此时已经调转了自行车，跟上了那个怀抱死婴的女人。他发现停止哭泣的女人行走在大街上，不再被人注视。

就在女人怀抱着死婴离开妇幼医院的这天下午，我和几个朋友骑车来到了城市的郊外，我们把自行车扔在一块干涸了的水田旁，然后坐在田垄上眺望着远处波光粼粼的滇池，可是我的脑子里总是会顽强地浮现出女人怀抱着死婴行走在人行道上的情景。我当时留意到，女人脸上的表情非常宁静。因此在郊外，在春天的风景中，我开始向朋友们讲述那个怀抱死婴的女人，并由此一起怀旧，主题是童年、母亲、疾病以及死亡，后来看见一个怀抱婴儿的女人从对面的小路上走过。仿佛她就是那个坐在妇幼医院门口哭泣的女人。仔细一看，又仿佛不是。

扑腾的鸟

屋子里看不出搏斗的迹象。法医李亚平一直在床边忙碌，他的眉头皱了几次，但仍旧查找不到所希望的线索，看来这是陈凯自杀后的又一桩古怪的枪杀案。后来他抬起头来对刑警队长马良说，估计还是自杀。这当然不是马良愿意看到的结果，所有站在屋子里的人都听见他骂了一句脏话，大概意思是想和一个他所痛恨的人的母亲发生性关系。我注意到，在法医离开床边以后，马良再次对尸体进行了检查。看得出来，他的情绪很坏，所以站在屋里的其他刑警都不愿说话。

子弹从右边的太阳穴钻了进去，留下一个看上去比实际弹头还小的洞孔（也许是结了少许血痂的缘故），又从左边的太阳穴穿了出来，然后镶嵌在墙体里。死者是丹城刑警队的一名年轻警官，他的尸体斜卧在床上，额头抵住了床单，这使得他的左眼因为压迫呈现为一个略微有些变形的三角。仔细和他对视一会儿你就会发现那眼睛既忧郁又深沉，这倒是和死者生前的性格非常一致。法医李亚平说，估计死亡的时间是下午四点左右，

孤　证

因此当死者被发现的时候，尸体已经冷了，并且开始变硬。这样一来，他摊在床上的右手，还在固执地扣着扳机。在死者的身边，我们还可以看见一个弹匣。队长马良在里面发现了五发子弹（本来应该是六发，其中有一发几个小时以前通过击发器的撞击射出去了）。在死者右脚正前方的地板上，我发现了一颗弹壳，弹壳的尾部，有 71 200 这样的字样。通过检查，这颗被击发的子弹和弹匣里的那五颗一样，都是产自于同一年。

赶到现场的警官，都是死者的同事，甚至他们中有两个人，中午的时候还同死者一起共进午餐。因此即便他们对死亡现场早已熟视无睹，脸上的表情看上去仍然显得比往常沉重。大家的话都非常少，仿佛空气中的硝烟还没有散去。在死者的房间里，更多的是摄影师拍摄照片的快门声以及队长马良翻动尸体的响动。

作为一名警官，我一度被手中的那颗在现场发现的弹壳吸引。我注意到镀铜的壳体在灯光的照射下闪着一丝捉摸不定的亮光，我甚至因为它而联想起了那颗穿过死者头部的弹头。作为一枚真正意义上的子弹，那枚弹头无疑是幸运的，它和那些击在虚空上的弹头不同，而且也不同于那种虽然击中目标却无伤大雅的弹头。我知道，在几个小时前，它成功地穿过了一个人的头颅，并且在里面迅速划了一条阴暗的直线，完成了它作为弹头的使命。在事发现场，它骄傲地镶嵌在乳白色的墙体里（后来被队长马良用镊子夹住放在一个垫有纱布的玻璃盒子里），看上去宛如一只眼珠。在弹头上，也许还粘着死者头部的鲜血和脑浆。当然，也许它还会带下来一些被它粉碎了的头骨。这些东西对于一颗子弹来说，完全就是最辉煌的勋章。

大约一个星期以前，就在这间屋子，我曾经听死者讲述他所在的小组追捕毒贩的经历。当时他就坐在对面，他背后的墙上贴着一张意大利球星罗伯特·巴乔的图片。他说："天实在太黑了，那小子在麦田里蹿得飞快，开了三枪也没有击中目标，正准备把枪里的子弹连发出去，马良像李向阳那样一甩手……"死者做了一个相当夸张的姿势，"就把那小子的头打炸了"。这么说来，这颗子弹有很长一段时间一直压在死者佩带的那只五四式手枪的弹匣里，为死者的安全恪尽职守。有两次，它差点就从枪管里窜出去。一次当然就是追捕毒贩，另一次是追击一只鸟。由于这事我们后面还会谈到，这里就暂且按下不表。

陈凯出事那天，警官张鲁和他的女友苏红参加了一个朋友的婚礼。大约晚上八点，他们从餐馆里出来，上了新郎单位的一辆中巴车。本来张鲁准备去陈凯家看中国队对沙特队的一场足球比赛。他是一位球迷，中学时曾在校队踢过一阵后卫，可是他的女友苏红说她想去看看朋友家的新房（她和张鲁已经开始谈婚论嫁），这样他们就来到了城北的迎新小区。晚上九点，张鲁收到队长马良的传呼，当时包括张鲁在内的一二十个人正在闹洞房。新娘被人安排坐在屋子中的一只独凳上。她的双手握住一只酒瓶，而穿灰色夹克的新郎站在她的身边，把一支香烟塞进瓶口。张鲁发现新郎被人用毛巾蒙住了眼睛，他蹲在地上，左手扶住新娘的膝头，正鼓着腮帮寻找着新娘手中的瓶口。那情景让张鲁突然想起他所见到过的那些正在寻找着奶瓶的婴儿。按照要求,新郎必须把那支放在瓶口的香烟吹进酒瓶,一边还得询问:"进去了没有?"新娘就只得就其情况回答"进去了!"或者"还没有进去。"张鲁的女友苏红是一位在幼儿园工作的年轻阿姨,她同张鲁已经有过实质上的性生活,因此对新郎新娘一问一答所暗示的内容,苏红已经明白过来,整个游戏过程她一直偷偷地笑,她甚至在香烟被吹进酒瓶,新娘扭捏着说"进去了"的时候扬起头来迅速望了张鲁一眼,用眼神交流了他们彼此之间才知道的秘密。

"队长打传呼来了!"张鲁在他的传呼第二次振动的时候,对坐在他身旁的苏红小声说。

苏红回过头来一动不动地望着张鲁,她被整个气氛感染,一脸的灿烂。"你明天就告诉他你忘了带呼机!"苏红把手伸过来握住了张鲁。

张鲁又坐了一会儿,他刚从苏红的眼睛里已经体会到了和今天晚上气氛相吻合的暗示。但是他犹豫了一下还是站了起来,他实在猜不出队长马良这么晚了呼他有什么事。更主要的是,他已经不想再闹洞房了,当他穿过身边的橡皮树挤出去的时候,他感到苏红用眼神阻止了他一下。在新房沙发边的电话机旁,张鲁拿起话筒按了两个键,最终他还是决定下楼去回传呼。这天晚上,兴致高昂的张鲁来到新房以后突然沉默下来。他几乎一直坐在墙角的橡皮树边打量新房里的布置:一台34英寸的大屏幕彩电,一套外观华丽的音响,单、双、三人三件套的真皮沙发,两平方米的木漆仿真油画,一副质地不错的落地窗帘……还不算上新房的装修,光客厅里的摆设,张鲁私下估算了一下价钱,他发现如果光凭工资,那么他五年不吃不喝也无法购置齐这些物品。张鲁已经二十六岁了,婚期的临近让他越来越感受到经济的压力。

在楼下的一家卖日用小百货的商店里,张鲁给队长马良回了电话。"陈凯出事了!"马良在电话里说,"你现在就赶到局里去。"

"出了什么事?"

"你到局里就知道了。"马良说着就挂断了电话。

张鲁重新回到新房以后,屋子里面已经浪成一片,新郎新娘正在表演新的节目。一只乒乓球从新娘右手袖口放了进去,要让它从左手袖口出来,其间不能用手。这样一来,新郎只得用嘴帮忙,他把脸贴在新娘的身上,努力用噘起的嘴唇护住衣袖里的乒乓球,样子非常陶醉,就像是在尽情吮吸着新娘身上的芳香。张鲁走进屋的时候,乒乓球已经穿过了右手的袖管抵达了新娘的胸部,突然,乒乓球往下一滑,新郎立即蹲下去用头抵住,他扬着头,看上去像是一个寻找着母亲乳头的孩子。没有人注意到张鲁进来,在那棵橡皮树旁,张鲁小声地对苏红说:"陈凯出事了!我得去局里看一下。"

苏红没有说话,她正目不转睛地盯着那个看上去显得非常笨拙的新娘,仿佛被游戏所吸引,但是先前脸上灿烂的笑容已经不在。张鲁知道他说的话苏红一定是听见了,她只是对他要离开有些生气,后来张鲁在她身边站了一会儿,然后独自一人离开了新房。

孤　证

　　张鲁由此开始了他这天晚上忙碌而迷乱的生活。从迎新小区返回局里，其间要转一次车，张鲁几乎花了一个钟头。当时张鲁没有意识到陈凯已经死了，否则他就会打的而放弃坐公共汽车。在公共汽车上的时候，张鲁曾经看了四次手表，由于担心到局里去以后会挨马良的批评，张鲁还精心编织了一个谎言，可是等他赶到局里，马良已经赶往陈凯家去了，张鲁当时还为自己搭乘公共汽车节约了十多块钱非常满意。

　　局里比以往显得要冷清许多，值班室的老王对张鲁说，听说陈凯自杀了，队长已经赶过去了。张鲁听见以后就往外面跑，这次他没有再去挤公共汽车，而是打的朝陈凯家赶了过去。

　　在和平时期，每个人离开他所热爱或者痛恨的这个世界，都会引发和死者联系紧密的社会关系一次小小的震荡。作为陈凯的同事和警官学校时期的同学，张鲁显然得在陈凯的后事里扮演一个重要的角色。这天晚上，当他急急忙忙赶到陈凯家时，现场勘察已经结束。在那里，法医通过对陈凯尸体的认真检查后得出的结论是自杀，当时在现场协助工作的另外几位警官对这个结果不能接受。张鲁知道，包括队长马良在内（尽管他一向不太喜欢陈凯）都希望陈凯死于一次谋杀。作为一名出入黑白两道的警官来说，死于谋杀并非不可能。就陈凯来说，他曾经成功破获过一起流动赌博案。那个赔了几十万的庄家在开始他为期三年的刑期时，曾恼羞成怒地说他不会轻易放过陈凯。不过张鲁清楚，他的这些同事希望陈凯死于谋杀，更多的是想以此获得一次改善待遇和装备的机会。

　　队长马良面无表情，看得出来，他的心情非常沉重。法医仍然在坚持他的观点，他对马良说，你看陈凯的伤口，可以肯定，开枪时他几乎是把枪管抵在头上的。

张鲁到现场时，陈凯的尸体已经覆盖上了一床白色的被单。在那里，张鲁曾仔细看了看陈凯头上留下的那只弹孔。弹孔在陈凯耳朵的斜上方，有一丝淡淡的血水从里面流淌了出来，看上去就像一条红颜色的蚯蚓，趴在弹孔的下边。张鲁突然感到眩晕，甚至他还能感觉到那颗弹头从陈凯头部洞穿之后留下的疼痛。张鲁发现，作为一名职业警官，陈凯寻找的位置相当准确，在耳朵和眉骨中间，是下枪的最佳位置，难怪陈凯只在弹匣里装了一发子弹。

后来的事情是，队长马良让手下的几名警官把陈凯的尸体送到局里去，然后他让张鲁留下来和他一起安慰陈凯的父母，同时也一起分析陈凯自杀的原因。这个时候他们已经由陈凯的卧室移到了客厅。在那里，悲痛欲绝的陈凯父母哭诉着对陈凯最近一段时期的生活进行了认真的梳理，可是他们找不到什么有价值的线索。唯一的一次，陈凯的父亲突然想起来，在看完电视里转播的一场足球赛后，一直骂骂咧咧的陈凯掏出手枪对准了电视机。不过那一次张鲁也在，张鲁知道陈凯的父亲说的是亚洲杯上的一场球赛，当时陈凯对中国队的由胜转败非常不满，他在主教练出席新闻发布会时掏出枪来对准电视，"要是在哥伦比亚！"陈凯抬手朝电视里侃侃而谈的主教练瞄准，"那他早就没命了！"

最后大家把注意力集中在陈凯自杀的这一天，而这一天的情形大概是这样的：早晨七点半，陈凯从家里赶往局里上班（当时

孤　证

陈凯的父亲刚好从外面锻炼回来,他每天早上总是六点半出门,七点半回家)。八点,他来到了局里。不久以后,一位从盐城乡下来的中年男人来报案,当时他和张鲁一起询问了案情并作了记录。案子听上去有些离奇,据报案人说,一年前,他十二岁的儿子在一次赶集时失踪了,之后一直不知道他的下落。"可是前几天,"报案人说,"在一次梦中我见到了失踪一年的儿子。"

"梦中的事不能作为立案的依据!"当时陈凯还这么说。

为了说服陈凯和一同坐在办公室里的张鲁,报案人还详细描述了他在梦中见到儿子的景象。那是在丹城郊外的十里铺,报案人的儿子穿着走失时的衣服,他站在十里铺河边的一棵柳树下,脖子上流着血。陈凯和张鲁后来才听清楚,报案人以前并没有到过十里铺,这次做梦之后赶到那里,果然十里铺有一条河,而且他真在河边的一棵柳树下发现了他儿子走失时穿的衣服,这就赶来报了案。

盐城的中年男人报完案已经是上午十点了,陈凯约张鲁一起到外面去吃早点,顺便逛了几家商店。陈凯买了一盘光碟,张鲁回忆说他记得光碟的名字叫《地球反击战》。分手的时候陈凯要张鲁晚上到他那儿看球赛,他约张鲁下个星期到十里铺去调查。因为是星期五,陈凯说他下午就不想到局里上班了,他要躲在家里看光碟,那时候是上午十一点。

午餐是在家里吃的,陈凯的父亲说,一吃完饭陈凯就开始放光碟,因为太吵,他就同陈凯的母亲一起去了公园,并在那里玩到下午五点。重新返回家里以后,他们开始为晚餐忙碌,那时他们都以为陈凯去局里上班了,等到晚上八点还不见陈凯回来，陈凯的母亲才去打开卧室，这才发现陈凯已经死在里面了。

局里的活动室这天晚上设了临时的灵堂，陈凯的尸体运回局里以后停放在这间屋子的一张乒乓球桌上。张鲁跟随马良从陈凯家返回局里的时候，已经有人给陈凯化了妆，因而看上去陈凯像是睡着了一样，他的脸色比他生前还鲜活生动。但如果仔细观察，又会发现那种鲜活与生动是多么的虚假，完全只是浮在皮肤的表面。活动室的一角，有四个警察正围在一张桌子旁打牌。他们的脸上，已经看不到一个同事死后留下的悲哀。当张鲁从他们身边走过时，他们中的一个抬起头来笑着问张鲁玩不玩牌，张鲁摇了摇头，他的脑子里突然跳出一句诗，"亲戚或余悲，他人亦已歌"。然后他来到了活动室斜对面的值班室，躺在一排早已失去弹性的沙发上。

张鲁这天晚上的脑子异常混乱。他此刻非常希望能同一个熟悉陈凯的人谈谈陈凯，由于没有这么一个人来满足他的愿望，他最终就陷入了对陈凯死因的思考。这样，他的大脑里总是会浮现出陈凯自杀时的情景——缓缓地，抬起了右手，用枪管抵住太阳穴，然后闭上眼睛，扣动扳机……这似乎是张鲁在某部电影里看到过的画面。紧接着，张鲁又回忆起另外一个画面：自杀的人掏枪出来之后并不是对着太阳穴，而是把又黑又冷的枪管塞进嘴里，张鲁觉得如果自己有一天也想自杀，那就一定选择后面这种方式。张鲁觉得这种方式比陈凯选取的那种要好。同是用枪自杀，采用后面这种方式，在头部只会留下一个弹孔，而另外一个弹孔呢？张鲁下意识地把嘴张开，然后吞下一口空气,这样一来,张鲁觉得自己已经把那个弹孔掩盖了。

后来张鲁开始回忆陈凯往昔生活的一些破碎片段,这里面当然找不出陈凯的死因,因而这种回忆实际上成了张鲁对陈凯的一种缅怀。几年前在警官学校读书的时候,张鲁曾在一次足球比赛中伤了脚腕,整整两个星期,都是陈凯搀扶着他去上课,而且像伺候病人一样,打饭、倒水、扶他去厕所……这也是两人一起分到刑警队之后一直保持着良好关系的原因。张鲁甚至还想起了今天上午他和陈凯分手时的情景,张鲁想要是他在朋友的婚宴结束以后不是和苏红一起去参观新房,而是到陈凯家去看球赛,那首先发现陈凯尸体的很可能就是自己,也许那样就会有一些东西难以解释,这样一来张鲁就有些感激苏红。

张鲁的女友苏红是一个美丽的,然而也是一个爱耍小脾气的姑娘。她这个时候也许早已离开朋友的新房回到了她在幼儿园的那间宿舍,本来今天晚上他和苏红在那里还将度过一个激动人心的夜晚。闹洞房的时候,他和苏红的心中都埋下了一颗欲望的种子,现在躺在值班室的沙发上,回味同苏红的情爱生活给张鲁带来了宁静的心境。后来张鲁还想起了那位新婚的朋友,在他的那套让人羡慕的新房里,他也许正在做他该做的事。这样一来,闹洞房时新娘手握酒瓶腼腆的神态一下子浮现在张鲁的脑中,让张鲁充满了怜爱。当然,对那一对新婚夫妇的想象没有进一步深入,张鲁需要的是分析出陈凯自杀的原因,并为此绞尽脑汁。

第二天早晨,张鲁醒过来的时候,天才刚刚放亮,从值班室半闭的门缝望出去,昨晚守夜的那四个人还在搓麻将。四周安静极了，以至于张鲁能听见麻将牌落在桌子上轻轻重重的声音。大约二十分钟以后，张鲁来到了停放陈凯尸体的活动室。在那里，他看见和他相处多年的陈凯非常安静地躺在乒乓球桌上，他的身上覆盖着一层白布，这就让他所躺的那个角落显得要比其他地方冷一些。

队长马良九点才赶到局里，和他一起来的还有火葬场的运尸车。张鲁看见两个穿白大褂的男人从车上跳了下来。他们戴着口罩，从车尾拉出了一副铝皮担架，跟在队长马良的身后走进了活动室。张鲁站在乒乓球桌旁，看他们把铝皮担架放在地上。张鲁发现，那副摆在地上的铝皮担架颜色已经开始发黄，可以肯定，它一定抬过形形色色的各种尸体。张鲁想到难说自己有一天也要躺在这副担架上被人抬走，就感到有一些恶心。这时那两个来自火葬场的工人已经抬起了陈凯的尸体，由于上面裹着一层白布，张鲁觉得那两人抬起的好像是一袋面粉。

火葬场离城大约有二十公里，刑警队参加送葬的警官挤在三辆警车里，跟在运尸车的后面驶向城郊。一路上大家谈的当然是陈凯为什么自杀的事，只有张鲁沉默不语，他知道陈凯的自杀在今后的一段时间里将是一个谜。

张鲁记不清自己是第几次来这个火葬场。和往次不一样的是，张鲁这次送的不是那种年迈的老人，而是他的朋友陈凯。有一瞬间，当张鲁乘坐的警车爬上通往火葬场的最后一个山头，张鲁透过警车的玻璃朝丹城那个方向眺望，他感到生活在那座城市的人正朝这个方向蜂拥而来。他们最终将通过火葬场烟囱那圆圆的通道走向天国或者地狱。张鲁突然想起有一次他在一家商场，听见一位中年妇女骂售货员是爬烟囱的，当时张鲁没有明白这句话的含义。现在，当张鲁遥望着火葬场，脸上浮现出一丝别人难以发现的笑容。

这天，陈凯从那圆圆的通道走向天国只用了不到二十分钟的时间。天气晴朗，陈凯的灵魂飘荡在空中，他在原来生活的这个世界只留下了大约半公斤的骨灰。

从火葬场返回丹城，最初的几公里是土路，很窄。大约十点半，当张鲁乘坐的警车在这一路段行驶时，迎面碰上了一支送葬队伍。这样一来，张鲁乘坐的警车就只得选择一个路面较宽的地方停下来，等待着那支送葬的队伍通过。当时离他们停车不远的地方有一棵合抱粗的松树，一只鸟正在上面咕咕咕地叫。张鲁的一位同事对着那只鸟端详了片刻，说是一只野鸽子，也就是斑鸠，张鲁的同事强调。

谁也不知道这只停歇在松树上的斑鸠激发了张鲁对自己童年生活的回忆。六岁的时候，张鲁曾在云南东北部的山村生活过一段时间，那时他的外祖父常常用线串一串苞谷子，用煤油或酒泡透，然后将它悬挂在竹林中，常常有斑鸠贪吃，最后像鱼一样被吊在树上。因此，当张鲁听说那只在松树上一蹿一跳的鸟是斑鸠时，他就决定用枪把它射下来。

坐在警车里的人看见张鲁从皮带扣上拔出了那只跟随了他已经有四年的五四式手枪跳下车去。公路的两侧是一片苞谷地，它们正在夏天的上午默默地灌浆。尽管那些像大刀一样的叶片总是出其不意地拦在张鲁的面前，张鲁仍然固执地朝那棵松树靠近。他知道用手枪射击，难度比用步枪或汽枪大。遗憾的是在苞谷地里的张鲁已经引起了松树上的那只斑鸠的警惕，它不再鸣叫，而是低下头来望着张鲁。张鲁站在松树下歇了一会儿，他悄悄地打开保险，并且上了扳机。也就是说，张鲁的枪膛里已经压上了一发子弹，他随时都可以进行射击。这个时候，那只歇在松树上的斑鸠开始不安起来，它在张鲁举枪朝它瞄准时开始不停地在松树上转移，这样就给张鲁的瞄准带来了很大的难度。况且五四式手枪的重量并不轻，张鲁感到他握枪的那只手已经开始微微发抖。

有好几次，那只斑鸠已经被张鲁锁定在准星里，张鲁知道他必须一击而中，那只斑鸠不会给他第二次机会。巨大的枪声回荡在山谷，足以让一百只斑鸠都逃之夭夭。可是当张鲁那只扣着扳机的右手食指缓缓用力时，停歇在松树上的斑鸠总是不失时机地往另外一根树枝上一跳，让张鲁屏气凝神的力量瞬间消失殆尽。当然在斑鸠与枪手的对峙中，最后以斑鸠的妥协结束。就在张鲁决心扣动扳机射击时，那只斑鸠毅然从松树上弹起，朝偏南的方向飞去，留下张鲁举着一根生硬的枪管指着虚空。

斑鸠的飞走让雄心勃勃的张鲁觉得非常无聊，他有一种空掉的感觉。那种感受就像是一名埋伏在禁区里的前锋，本可把一个机会球劲射入网，没料到最后竟然没有碰到球。因此当张鲁从苞谷地里钻出来时，他整个人显得垂头丧气，刚才提枪下车时的锐气一点也不见了。从这个时候开始到几个小时以后出事，张鲁就这样闷闷不乐，以至于到后来，当队长马良问起张鲁在死前有什么反常时，和他一起乘车返回丹城的警官们说，看上去张鲁好像情绪很低落。本来在最后的几个小时里，张鲁还是

孤　证

有机会把情绪调整得高昂一些。回到丹城以后，我和张鲁以及搞刑事摄影的小杨一起吃了午饭，我看见小杨一直在约张鲁到他们家去下围棋，但是张鲁拒绝了，张鲁说他要和苏红一起去订家具。可是在饭店里，张鲁给苏红打了两次传呼也没有回音，这就使得张鲁的情绪越发恶劣。后来我曾想，要是当时苏红回他传呼，那么几个小时以后的悲剧也许就不会发生。可惜的是，苏红因为对昨晚上的事耿耿于怀，她决定暂时冷落张鲁。这样一来，在饭店里连续打了两个传呼的张鲁觉得非常没有面子。因此吃完午饭以后，张鲁一个人怏怏离去。

张鲁最初还试图到家具店去，可是他只走了一半的路程，突然又折回头往宿舍那个方向走。半个小时以后，他回到了在城中闹市区的宿舍。那是一间出租房，张鲁先在床上坐了一会儿，脑子里什么也没想，后来他开始想办法打发这个无聊而又让人心烦的下午。这样他离开了床来到了墙角的书架旁，漫无目的地开始翻书。

最先张鲁抱着一个朦胧的愿望，想把那本叫《肉蒲团》的淫书找出来，可是他很快就想起来那本书被陈凯借走了，这样他就抽出了贾平凹的小说《废都》，过去它曾经给张鲁带来过不少生理激情，但奇怪的是这天下午书上的那些精彩的描写片段丝毫没有打动张鲁。甚至可以说，张鲁根本就没有看进去。这样，他就把《废都》重新插回书架，另外抽出一本《新民围棋》。张鲁的围棋下得不错，尤其喜欢做书里提供的死活题。这天下午，张鲁匆匆翻过了杂志前面马晓春对李昌镐的一盘对局，又翻过一篇回忆吴清源年轻时征战日本的文章，最后把目光定在"本期死活"上。可是往日看上去无比亲切的黑子白子，一颗颗从眼前飞走了，最后张鲁只得从书架那里狼狈撤退。

接下来张鲁又坐在了床上。在那里，张鲁的双腿略微有些分开，他的双手撑住床沿，头微仰，盯住了墙上那张意大利球星罗伯特·巴乔的画片。这天下午，是墙上那双忧郁的眼睛让张鲁想起陈凯来了，他开始接着昨天晚上在值班室里的思路往下想，那就是陈凯为什么要自杀。张鲁想陈凯昨天下午看完那盘《地球反击战》之后，也许就像自己现在这样无聊，张鲁从皮带扣上再次拔出那把五四式手枪。他把它捧在手掌里，黑色的枪体散发着寒意，然后张鲁把手枪竖了起来，取掉了弹匣，像他想象中的陈凯那样，缓缓地，用右手抬起了空枪（张鲁当然记得他在打斑鸠时已经往枪膛里压了一颗子弹）。陈凯当时大概是忽略了枪膛里有一颗子弹吧，张鲁分析，并且像他想象的陈凯那样把枪管抵住了自己的太阳穴，闭上眼睛，扣动了扳机，就在张鲁右手食指用力的那一瞬间，他看见一只斑鸠从郊外的松树上扑腾着飞了过去。张鲁的心一凉，他发现自己可怕地模仿了陈凯，可是他右手的食指已经不听使唤。随即，张鲁听见他手中的枪发出了一声巨响……

毒酒事件

一

中午,我和清河镇的民警小韩进入到埋伏地点,那是犯罪嫌疑人朱国林的办公室。为了观察的时候舒服一些,我们把一个笨重的沙发挪到了窗边,坐在那里,借助两扇窗帘之间的空隙,能清楚地看见国林酿酒厂的大门。

这是六月初一个阳光明媚的午后,酿酒厂大门外的土路上寂静得看不见一个人,只有那只拴在木桩上的狼狗,卧在石磙的阴影里伸长舌头大口喘气,它和我们一样,也在等待着朱国林。

小韩带来了一个单筒的望远镜,他过去曾是个天文爱好者,喜欢在夜晚观看星空,现在他想用那只单筒望远镜来观察犯罪嫌疑人。单筒望远镜支在窗台上,从里面望出去,几百米外的213国道像是从国林酿酒厂大门外穿过,偶尔能看到上面驶过的一辆辆汽车。

夏天已经来临,闷热的天气让人口干舌燥,望着国林酿酒厂外面那蹿得快有人一般高的苞谷，我舔着干燥的嘴唇对小韩说，等抓捕到朱国林，我请他喝啤酒。

按照朱国林的妻子，那个仿佛终年都没睡醒的女人交代，她的丈夫通常三四点钟就会押车赶回来，可是这次直到太阳偏西，朱国林都没有出现，以至于小韩开始怀疑朱国林的女人，是不是对我们说了谎。人一旦丧失了等待的耐心，时间就过得慢了。过了一会儿，小韩又解释说，从丹城到清河镇足足有二百五十公里的路程，那样的路面，朱国林押着一车货，能在天黑前到就不错了。

总要找点话来说。过了一会儿，小韩又问我在想什么，我对他说在想女人，小韩一听就来了兴趣，小韩说，是你的女友？

"是憩园酒家的那只小野鸡！"

我指的是小杜，说起来，这桩毒酒案最终要是能侦破，那还得感谢她。当然，还有那个现在仍然躺在丹城殡仪馆冷柜里的不幸受害者，是他们共同为我们拉开了这起震惊全国的毒酒案的帷幕。

那是三天前的事情了，寄居在憩园酒家的四川姑娘小杜从睡梦中醒来，已经是上午十点多钟了，昨晚上那男人一夜的折腾，使小杜现在浑身像散架一般。醒过来后，她就那样慵懒地躺在四楼一间包房的床上，身体呈一个"大"字，她一点儿也不想动。

太阳已经翻过街对面那幢十层高的楼房，明亮的阳光经过窗帘的过滤透射进来，宛如两块褪色的黄布贴在屋子的楼板上。小杜无聊地回忆起了昨夜的事情，她觉得让男人一夜做那么多次，实在是有点吃亏。那时，小杜还没有发现，和她同床共眠的那个男人已经死掉了。

我跟随刑警队长马良在憩园酒家了解案情的时候，小杜告诉我们说，她醒过来以后，发现那男的一直把头埋在她的腋窝，看不见他的脸，她只看得见男人那只停在她胸脯上的手。而在几个小时以前，就是这只手一次又一次抚摸遍小杜十八岁的身体，现在它像一只疲惫的帆船，静静地反扣在一堆发着白光的沙丘上。

小杜说，她当时只是感到那男人的手很冷，冷得像块冰，甚至让她呼吸有些困难。小杜想把男人的手拿开，可男人的手显得异乎寻常的生硬，似乎正暗暗地和她进行着某种对抗。

在后来的调查中，憩园酒家的陈老板说，死者昨天下午来到酒店以后，喝了好几杯五鞭酒，后来就嚷着找小姐陪。

陈老板就把小杜介绍给他，两人一起去了小杜在憩园长期包的房间。小杜说，昨晚那男人喝了酒以后特别缠人，来了四五次还不够，后来我不干了，他就说要出一笔钱让我去学美容美发，又要了一次。

我注意到，当小杜在描述那男人如何缠人的时候，队长马良的眼睛亮了一下，很快他又面如止水。

这天早晨小杜醒过来以后，就问那男人昨晚说的话算不算数，可是他一声不吭，就像那些事后不认账的男人一样。小杜想着昨天晚上他来了那么多次，就有些生气，她准备下床去男人的衣袋里掏钱，可是当小杜挣脱男人的拥抱，男人的头一下子就从她的腋窝处滑了下去，僵硬的身体让小杜觉得有些异样。

借着从窗外弥漫进来的阳光，小杜发现男人的脸有些发紫，尤其是那双眼睛，仿佛正一动不动望着小杜，又仿佛穿透小杜的身体，望着她身后的什么地方，空洞得让小杜的皮肤一阵发紧。

喂！小杜叫了一声，伸出手去摸了摸男人的头，突然，一股寒气像血液一样蹿到了小杜的背部，也就是这个时候，小杜意识到这个自己刚才还抱着的男人已经死了，小杜吓得大叫了一声，裸着身子就从床上跳了起来。很快，憩园酒家的陈老板就用电话报了案。

我和警长马良是一个小时以后赶到案发现场的。小杜的房间弥漫着浓烈的酒臭，而死者躺在一张席梦思床垫上，全身赤裸，下身那东西垂在一旁，仿佛因为我们进来而无限羞惭，一点儿也不像小杜所说的那样耐力惊人。在现场，我们没有收集到什么有价值的东西，在马良的示意下，我翻了死者的衣袋，从中发现了一叠大面额的现金和一张写满一些莫名其妙数字的白纸，剩下的就只有一只打火机和半包红塔山。当时我非常希望能发现证明死者身份的东西，诸如身份证、名片或电话号码簿，但我查遍了整个房间却一无所获。

刑警队长马良很肯定地说，这种找不到证件的嫖客大多是丹城人，他们出来找鸡时怕暴露身份，往往什么证件都不带。当然，对死者的身体我们也做了认真的检查，没有在尸体上找到伤口，也没有意识到死者是甲醇中毒，我们只在床单和尸身上发现了超过想象的大量精斑。马良于是老练地说，死因肯定是喝酒之后过量的房事导致心力衰竭，他还说以前他就碰到过类似的案子。马良总是那么自负，他也不问我对这桩案子的看法，

孤　证

其实我觉得死者更像是中毒，可是我的看法遭到了马良的嘲笑。

在打电话让殡仪馆来拖尸体的空隙，马良来到了憩园酒家陈老板的会客室，他把身体深深地埋进沙发里，然后一边用牙签剔牙一边让小杜把昨晚的过程说得再详细一些，他有些不相信一个看上去已经四十多岁的男人一晚上能连续作战五六次，他对这个秘密感兴趣。

我知道马良不喜欢我，他没有读过警官学校，因此对警官学校毕业的人总是有些偏见。我就听见他不止一次说破案靠的是经验，学校里学的书本知识一旦办起案来，屁用也没有。不过我承认马良的确能办案，在我们丹城，他破过许多疑案难案死案，但不能因为能办案就目空一切。尺有所短，寸有所长，自从分到刑警队以来，我一直希望自己能独立破一个大案，我要让马良对我刮目相看。

就在马良饶有兴味地听小杜描述昨晚的经历时，殡仪馆的人来了，马良让我把死者送到殡仪馆的冷柜里，而他则留下来继续向小杜了解案情。当我和殡仪馆的工人去小杜的房间时，他突然从屋里出来对我说，等查到死者的家人，让他们出钱火化。

重新回到案发现场，我看见殡仪馆的工人熟练地把尸体翻在一架铝皮推车上，然后用一块白布盖住了死者赤裸的身体。恰巧这时，死者的一只手滑出了白布，像有意一样。我果断地示意工人们停下来，当我再次在死者身边蹲下来仔细观察，我终于发现死者的手指比刚才检查时暗淡多了，在那紫姜一样的指尖上，留下了明显的中毒痕迹，我于是用手纸在死者嘴边揩了一些残留物，准备私下带回去化验。

当我们坐着运尸车离开憩园酒家时，酒家的陈老板正向马良介绍他的五鞭酒。他说泡酒用的是清河镇的散酒，除了五种动物的生殖器，还另配了二十多味中药，不过价格也挺贵，一般人喝不起。

二

尽管六月的白昼很长，可我和小韩等到天黑也没见到朱国林的影子。小韩有些失望地说，朱国林不会是听见风声了吧。我也认为，要是朱国林知道自己案发逃之夭夭，那我们埋伏在这里就显得太滑稽了。

如果要说走漏风声，那报信的人最有可能是朱国林的女人，只有她才能同朱国林联系上，而她现在被关在清河镇派出所，除非有人放她出去通风报信。

小韩说，那倒不会，镇上的警察虽说素质差一些，但原则性的错误还是不敢犯。

那就继续守候吧，熬到朱国林回来，我们就出头了。我还不知道，在我离开丹城前往清河镇时，丹城附近的村庄就不断有人神秘地死去，人们还不知道，丹城正在发生一起新中国成立以来最大的毒酒案。

朱国林的酿酒厂离清河镇大约有五公里，严格说来这算不得一个酿酒厂。两天前，当我第一次走进这里的时候，我觉得它更像是一个仓库。那时，一个女人正慵倦地坐在一棵桃树下的竹椅上，她就是朱国林的女人。

孤　证

　　我当时把自己伪装成一个散酒批发商，我说要付一些款给朱国林，另外还想再购进一些散酒。

　　朱国林的女人没有一点警惕，也许是她勾兑假酒从没遇到过麻烦，也许是见我只身一人不值得起疑心。在她的带领下，我来到后院一间光线暗淡的屋子里，那里有数以十计的大酒缸，缸口全用棉纸进行了密封。而在屋外的空地上，堆放着不少胶桶，我估计那是用来盛装甲醇的。当时我就想，胶桶里的甲醇从丹城运来，然后兑制成白酒又运往丹城，就是这些用甲醇兑制的白酒，夺去了憩园酒家那位风流鬼的性命，并为我一显身手提供了机会。

　　我当然也得感谢马良，感谢他的自负和狂妄。那天我从殡仪馆返回局里以后，迅速找到了化验室的小许，请她帮我化验一下我带回来的死者嘴角的残留物。当后来小许告诉我说，残留物中有大比例的甲醇时，我并没有把这个发现告诉马良，他这个人非常的固执，只要认定的事情，一般人很难说服他，何况他已经说了那人死于心力衰竭，所以我要是能把这个案子查个水落石出，我相信局里的人都会大吃一惊。

　　第二天一大早，我找了个借口赶往清河镇，到那里我才给局长打了个电话，告诉他我在清河镇发现有人在用甲醇兑制白酒，局长指示我进行暗访。因此在清河镇，我并没有急着和当地派出所取得联系，而是花了一天多的时间跑遍了清河镇所有的酿酒厂，最后我找到了流向丹城的毒酒源头——国林酿酒厂。

　　朱国林的女人在交代中说，一开始朱国林并不是要办酒厂，他想办的是液体燃料厂，要用甲醇做原料，朱国林到丹城去进货,没想到回来时改变了主意。

在清河镇我发现,小镇及四周的村子里隐藏着许多个白酒加工作坊,他们通常把自己酿造的酒装进回收来的高档酒瓶。不过朱国林的酿酒厂不酿酒,他采用的是甲醇加水勾兑,这种方法省时、省力当然更省成本。凭借价格的优势,朱国林勾兑的假酒在很短的时间就覆盖了清河镇附近的市场。后来在对朱国林的女人进行调查时,我发现朱国林在开始兑制假酒之前,也并非完全利令智昏,当他第一次从丹城把甲醇运回时,为开办液体燃料厂请的五个工人还住在家里,这五个人后来就成为了朱国林的实验对象。当时,借着为他们接风洗尘的机会,朱国林准备了一桌丰盛的晚餐,他把一小塑料桶暗中勾兑好的假酒提上餐桌,并声称这是押货回来的途中买的散装白酒,五名工人不明就里,一个个喝得烂醉如泥。

其实朱国林并非不知道甲醇勾兑的假酒会致人死命,他曾经对他的女人说过,贵州有人用甲醇兑白酒,结果把人喝死了。所以朱国林一开始勾兑假酒时,甲醇含量相当有限。当然,如果当初充当试验品的那五名工人当天晚上喝出了问题,那么后来震惊全国的毒酒案也就会在萌芽时被发现,不会造成那么多人的死伤。问题是那五个人酒醒之后非常健康,他们的表现轻而易举地打消了朱国林心中的疑虑。后来,朱国林决定不办燃料厂而改兑假酒时,他找了种种理由辞退了那五名工人,朱国林不想让他们知道用甲醇兑制假酒这条发财的捷径。

据后来的调查发现,朱国林在勾兑假酒贩卖的过程中,也曾碰到过麻烦。大约半年以前,他兑制好一批假酒后去了一趟清

孤　证

河镇，在镇上他隐隐约约听见谁说工商所的人发现假酒的消息，后来朱国林就碰到了一个叫许开银的杂货铺老板，他那里也卖朱国林勾兑的假酒。

许开银当时对朱国林说，工商所的人来检查，说他进的酒有问题，就销毁了他铺子里的白酒，说是白酒被加了水。

他们准备全镇大检查！许开银又说。

那时正值腊月，马上要过年了，朱国林知道年前工商所会集中打假，他想自己刚勾兑好的那批假酒如果因度数不够被查封，损失就大了，所以朱国林告别许开银后就匆匆往回赶，他要在工商所的人全面清理市场之前，把他勾兑的那批假酒炮制得更为逼真一点儿。也就是说，他得把那一坛坛兑制好的白酒再次打开，往里面再加一点儿甲醇，他不想因为酒精度太低引起工商所的怀疑。

朱国林的女人交代，年前，她和朱国林花了一天时间才把那批假酒兑制好，第二天就有人找上门要求换货，不过重新兑制的白酒在清河镇以外的地方没惹什么麻烦，那些外县的酒贩在短短的几天时间就搬空了屋子，而朱国林担心的工商所的人最终也没到酒厂来。

此后朱国林频繁往来于清河镇和丹城之间，从丹城购进甲醇，勾兑成假酒然后采取批发的方式出售，朱国林也就在丹城和清河镇之间的路上实现着他的发财梦想。这期间他还不断提高勾兑假酒的技艺，采用什么样的香精，用什么样的水都极为讲究。为了把假酒勾兑得像真酒一样，朱国林煞费苦心做了种种探索，比如往勾兑好的假酒里滴几滴敌敌畏，模仿电影《红高粱》那样往酒坛里勾兑少量的童子尿，反正凡能想到的办法都试了，朱国林兑制假酒的手艺也在不断地探索中炉火纯青，经他勾兑的假酒比真酒还好喝，甚至还远销到了丹城，难怪那天在憩园酒家，陈老板说，现在要说散酒，那还得数清河镇的好。

三

我和小韩在朱国林的酒厂里整整埋伏了两天，最后我们都失去了耐心。这两天，有关清河镇发现毒酒的消息已经通过电话传往毗邻的县乡，对销售行业的全方位检查和对毒酒造成人员伤亡情况的调查正在进行，我怀疑朱国林已经探得了风声，因此继续在国林酿酒厂埋伏下去，似乎已经没有多大意义。

小韩为守候了两天一无所获感到特别恼火，当我们走出了那间埋伏了两天的屋子时，小韩说，他真想把仓库的封条拆开，然后进去把那些酒坛每个敲个洞，再擦上一根火柴把这个酒厂烧了。

小韩当然不可能烧酒厂，他只是想找点什么东西来出出心里的气，最后他选中了厂门口那只因饥饿而垂头丧气的狼狗。看着小韩走过来，狼狗挣扎着想扑过来，可小韩偏偏在它够不到的地方蹲了下来，看那狼狗愤怒地跳跃。狼狗狂吠了一阵，终于累了，又够不着小韩，只得趴在地上喘气，偶尔抬起眼皮来撩一眼小韩，这时小韩就对着它大叫几声，惹得狼狗重新狂吠不止。

两天前，为了避免朱国林回来之后起疑心，警车把我和小韩送到这里以后就回去了，国林酒厂又没有安装电话，所以我和

孤 证

小韩回清河镇,只能够步行,这让我心中对小韩很是内疚。

这天下午,我搭乘了一辆途经清河镇的夜班车赶回了丹城。在走之前,我和小韩重新提审了朱国林的女人,我想从她口中得知如何才能在丹城找到朱国林,但她一直回避,她说她不管男人的事。

小韩说,你这样保他,难说他现在正在丹城玩女人呢!

小韩的话总是能够准确地击中某些女人的要害,朱国林的女人想了一会儿,说那你们去丹城找熊光明,他是物资供应站的经理,朱国林进货都得找他,他应该知道朱国林在哪里。

从清河镇乘车赶回丹城时,我一点儿也没有当初来时的那种兴奋,两百多公里的路似乎也变得特别的凸凹不平和漫长。由于没有捕获朱国林,自然也就没能给这桩毒酒案画上圆满的句号。我还担心回去以后,追捕朱国林的任务落到马良的身上,如果真那样的话,到最后,破获毒酒案的功臣还会是马良。

但是回到局里,我才发现我的担心纯属多余,我的上司刑警队长马良在我返回丹城的头天神秘地死亡。他死在家里,身上没有任何伤痕,当然也不会有人去对他的死妄加猜测,对于一个破案如神的警官,谁去谋杀他那都只会是耗子舔猫胡子——找死。

局长让我下午到殡仪馆参加马良同志的遗体告别仪式。局长说,看来你是一个有福气的警官,告假到清河镇玩,还在那里无意间发现一桩毒酒案。局长还表示,现在警方正四处通缉首犯朱国林,一旦将其捕获,将给我授予三等功。

看来我还是得按自己的方式把朱国林捕获归案,那样的话,局长才会认为这桩毒酒案之所以被侦破并非是意外。中午的时候，我在物资供应站找到了熊光明，我问他知不知道清河镇发生的毒酒事件？得到他的肯定之后，我就告诉他朱国林就是制造假酒的犯罪嫌疑人，希望能尽快将其捕获归案，但熊光明赌咒发誓说他这次真没见到朱国林。

"不会吧！"我提醒熊光明说，"朱国林来丹城的时候案子还没发生，他是来进货，找不到你他找谁进货去？"

"真是没见到他！"熊光明说。

"电话或者传呼也没打个给你？"

"传呼倒是……不过那是一个星期前的事了，"熊光明有些迟疑地说，"我没回他。"

结果我有幸在熊光明的传呼机上，发现了朱国林留下的电话号码。有了号码，电信局就不难查出户主，一桩震惊全国的毒酒案很可能在我手中告破，因此在去电信局的路上，我一路祈祷朱国林当时打的不是公用电话。

结果让我非常吃惊。当我从电信局得知电话号码是憩园酒家时，我因吃惊而张开的嘴久久也没能合上。

现在，我发现自己绕了一个圈最后又回到了憩园酒家。在那里，我碰到了四川女子小杜。小杜说："警官，你是不是也来要五鞭酒？你那么年轻，不用喝五鞭酒都会很棒。"

我用鼻子哼了一声，小杜又说："你们的队长就不行了，那天你走后，他向陈老板要了一瓶，还嫌陈老板给他的瓶子小了……"

"你是说我们队长喝了这里的五鞭酒？"

"喝没喝我怎么知道？"小杜说，"你不会去问你们队长？"

"你让我到阴间去问？"我说，"马队长死了！"

孤　证

　　小杜听了大吃一惊，脸上露出难受的表情，仿佛马良是他一个很亲的人。说实话，马良死了我并不是那么太难受，甚至可以说我心里还有几分窃喜。为了捕获朱国林，我把手中的电话号码递给了小杜。

　　小杜拿着电话号码看了看，突然她叫了一声："这是我房间的电话号码！"

　　一切都明白了。下午，当我去殡仪馆参加马良的遗体告别仪式时，还专门到冷柜去看了看躺在那里的朱国林，我想在清河镇的时候，怎么就没有想到他会是憩园酒家那个甲醇中毒的死者（我在国林酿酒厂看过朱国林的照片）？也许是毒酒让他变得面目全非。站在冷柜旁，隔壁为马良播放的哀乐传了过来，我才发现马良与朱国林只隔着一堵墙，我其实是有机会把憩园酒家那个人的死亡真相告诉马良的，如果他不是那样自以为是的话。可现在他什么也听不见了。当我把装有朱国林尸体的冷柜合拢时，我想，对于朱国林这样一个制造了惊天大案并被全国通缉的犯罪嫌疑人来说，殡仪馆的确是最好的藏身之所。